Ingrid Mora

Freundschaftsbänder
Neue Knüpf-Ideen

CREATIV COMPACT

CHRISTOPHORUS

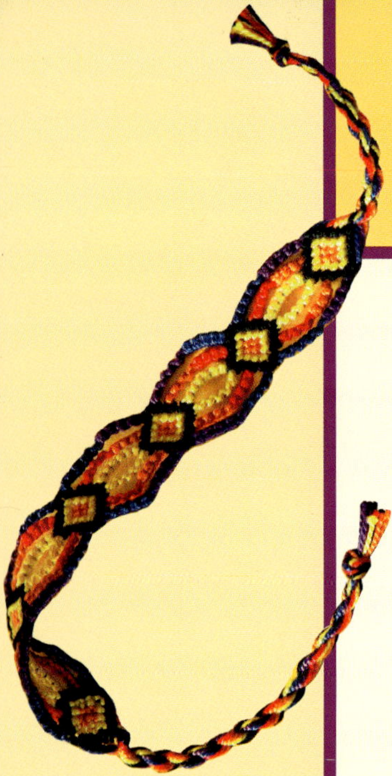

Inhalt

Wir danken den Firmen Coats GmbH, KnorrPrandell, Pracht und Rayher für die Bereitstellung der Materialien.

Zeitlos schön

Auf meinem letzten Klassentreffen wurden viele alte Schulerlebnisse ausgetauscht. Eins davon war: Weißt du noch, wie wir unter der Schulbank Freundschaftsbändchen geknüpft haben? Mit einer Sicherheitsnadel haben wir die Fäden an unseren Jeans festgesteckt und dann ging es los! Das liegt nun schon einige Jahre – ich muss zugeben sogar Jahrzehnte – zurück, aber noch immer entdecke ich junge Leute, die mit großer Leidenschaft knüpfen.

Freundschaftsbändchen kommen nie aus der Mode – und das zu Recht. Mit nur vier verschiedenen Knoten lassen sich unendlich viele Muster, Formen und Figuren in trendigen Farben knüpfen. Modische Accessoires können aufgeschoben und angehängt und Uhren ins Band integriert werden. Die vielen Variationsmöglichkeiten lassen das Knüpfen nie langweilig werden und viele Freunde werden sich über ein Band freuen. Wer erst einmal die vielen Möglichkeiten dieser dünnen Fäden entdeckt hat, wird die Freude am Knüpfen wohl niemals mehr los.

Ich wünsche allen viel Spaß beim Knüpfen und Verschenken!

Ingrid Moras

Material & Technik

Material und Hilfsmittel

Alle Bänder sind mit Perlgarn Nr. 5 und/oder Häkelgarn Arista von Coats GmbH geknüpft. Die Farbnummern geben jeweils den genauen Farbton an. Die Köpfe der Püppchen mit Holz- oder Polaris-Perlen (10 – 12 mm ∅) arbeiten. Mit einem feinen wasserfesten Tuschestift das Gesicht aufmalen, Wangen mit einem roten Farbstift andeuten.
Perlen sowie Schmuckelemente zum Aufschieben und Anhängen können integriert werden. Die Anhänger mit Ringeln befestigen. Diese mit einer kleinen Zange aufbiegen, einhängen und wieder schließen. *Hinweis:* Schere und Maler-Klebeband werden immer benötigt und nicht mehr aufgeführt.

Die Vorbereitungen

Die senkrechten Striche mit Farbnummern zeigen Anzahl und Reihenfolge der jeweils benötigten Fäden. Die Fäden etwa 12 bis 15 cm von einem Ende entfernt in der jeweiligen Reihenfolge ordnen und mit Klebeband an der Tischkante fixieren. Der Überstand oben wird für die Kordel benötigt.

Die Knüpfpläne

Die Symbole der einzelnen Knoten liegen in den Knüpfplänen genau so wie die Knoten beim Band. Jeden Knoten mit zwei Fäden knüpfen: jeweils mit dem Faden, der direkt über dem Knoten-Symbol steht und dem Faden links davon. Zur leichteren Orientierung sind die Knotensymbole farbig unterlegt.

Der Abschluss der Bändchen

Nach dem Knüpfen die Fäden zu Kordeln verdrehen: Für jede Kordel die Fäden in zwei Stränge teilen, getrennt jeweils nach rechts eindrehen und beide Stränge miteinander verdrehen; dabei immer den rechten Strang über den linken legen. Nach ca. 10 cm alle Fäden verknoten und die Fadenüberstände nach 10 mm abschneiden.

Die Knoten

Für jeden Knoten wird ein Ziehfaden und ein Knüpffaden benötigt. Jeweils zwei Schlingen mit dem Knüpffaden ergeben einen Knoten im Band. Der Knoten hat immer die Farbe des Knüpffadens.

Rechts geknüpfter Knoten +

Den rechten Faden F2 (= Ziehfaden) nach unten ziehen, mit dem linken Faden F1 (= Knüpffaden) eine Schlinge nach rechts über F2 legen und nach oben ziehen. Die Schlinge nach rechts mit dem Knüpffaden F1 wiederholen und nach oben ziehen, dann beide Fäden nach unten ausrichten. Die Position der Fäden hat gewechselt: F1 liegt nun rechts.

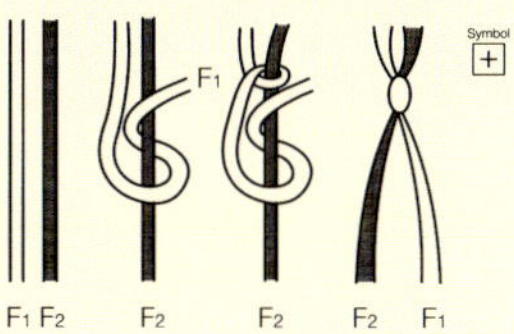

Links geknüpfter Knoten |

Den linken Faden F1 (= Ziehfaden) nach unten ziehen, mit dem rechten Faden F2 (= Knüpffaden) eine Schlinge nach links über F1 legen und nach oben ziehen. Die Schlinge nach links mit dem Knüpffaden F2 wiederholen und nach oben ziehen, dann beide Fäden nach unten ausrichten.

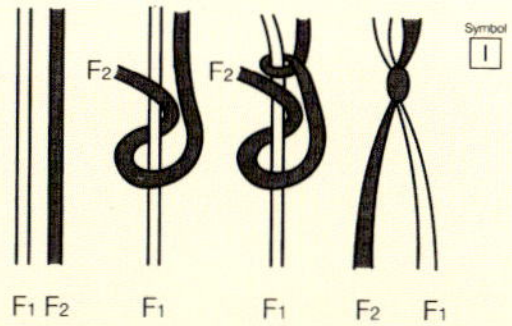

Die Position der Fäden hat gewechselt: F2 liegt nun links.

Rechts-links geknüpfter Knoten ●

Den rechten Faden F2 (= Ziehfaden) nach unten ziehen, mit dem linken Faden F1 (= Knüpffaden) eine Schlinge nach rechts über F2 legen und nach oben ziehen. Die zweite Schlinge mit F1 nach links über den Ziehfaden F2 legen, nach oben ziehen, dann beide Fäden nach unten ausrichten. Die Position der Fäden entspricht der Ausgangsstellung.

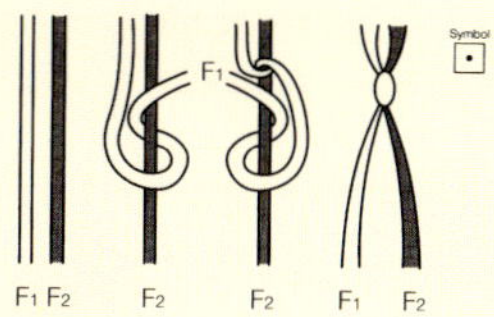

Links-rechts geknüpfter Knoten O

Den linken Faden F1 (= Ziehfaden) nach unten ziehen, mit dem rechten Faden F2 (= Knüpffaden) eine Schlinge nach links über F1 legen und nach oben ziehen. Die zweite Schlinge mit F2 nach rechts über den Ziehfaden F1 legen, nach oben ziehen, dann beide Fäden nach unten ausrichten. Die Position der Fäden entspricht der Ausgangsstellung.

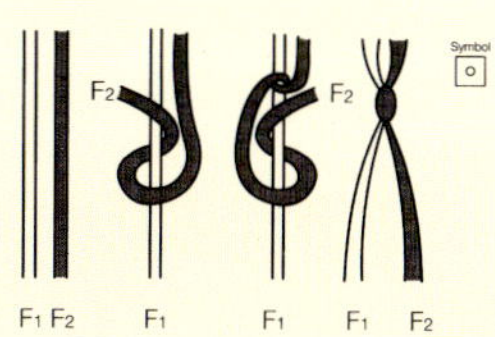

Schräge Reihen knüpfen

1 Bei einem geraden Bandanfang besteht die erste Reihe aus einem Knoten, der mit dem letzten und vorletzten Faden geknüpft wird. Ab dann ist am einfachsten, immer schräge Reihen von links oben nach rechts unten zu knüpfen und ein Lineal aufzulegen.

2 Für die nächste schräge Reihe mit drei Knoten werden die letzten vier Fäden benötigt. Die Knoten von links nach rechts knüpfen: den ersten Knoten mit dem ersten und zweiten Faden, den zweiten mit dem zweiten und dritten Faden und den dritten mit dem dritten und vierten Faden.

3 Die nächste schräge Reihe mit fünf Knoten von links nach rechts mit den letzten sechs Fäden knüpfen. Den ersten rechts-links geknüpften hellblauen Knoten mit den ersten beiden Fäden arbeiten, dann die vier rechts geknüpften Knoten anschließen.

4 Nun folgt die erste komplette schräge Reihe mit sieben Knoten und allen acht Fäden, die der Reihe nach von links nach rechts geknüpft werden: den ersten Knoten mit dem ersten und zweiten Faden, den zweiten Knoten mit dem zweiten und dritten Faden usw.

Weitere Knüpfweisen

Grundsätzlich gilt: Sobald zwei nebeneinander liegende Knoten einer waagerechten Reihe geknüpft sind, kann der versetzt nach unten dazwischenliegende Knoten gearbeitet werden. Deshalb können die Knoten auch auf andere Weise geknüpft werden.

1 Wenn die *Pfeilspitze nach oben* zeigt (siehe hellblaue Reihe), zunächst mit den beiden Fäden in der Mitte einen Knoten legen. Dann je drei Knoten von der Mitte aus nach links und rechts abwärts arbeiten.

2 Zeigt die *Pfeilspitze nach unten*, zuerst jeweils drei Knoten von links und rechts zur Mitte knüpfen und zuletzt mit den beiden mittleren Fäden einen Knoten als Spitze des Pfeils legen.

3 Für einen *geraden Abschluss* verkürzte Reihen arbeiten.

4 Es können die Reihen auch *waagerecht geknüpft* werden. Dabei sind bei jedem Knoten beide Fäden neu aufzunehmen: Der erste Knoten der ersten waagerechten Reihe wird mit dem ersten und zweiten Faden gearbeitet, der zweite mit dem dritten und vierten Faden usw. Für den ersten Knoten der zweiten Reihe den zweiten und dritten Faden verwenden usw.

Kunterbunte Bänder

Material

Weißes Band mit Dreiecken

- Perlgarn Nr. 5 in
  1x Rot 46,
  1x Dunkelrot 22,
  1x Orange 332,
  6x Weiß 1,
  1x Rosa 95,
  1x Violett 102,
  1x Lila 98

Schwarzes Band mit Dreiecken

- Perlgarn Nr. 5 in
  1x Orange 304,
  1x Rot 46,
  1x Gelb 291
  6x Schwarz 403,
  1x Hellgrün 185,
  1x Dunkelgrün 189,
  1x Grün 187

Band mit schwarzer Mitte

- Perlgarn Nr. 5 in
  1x Grün 265,
  1x Blau 147,
  1x Gelb 288,
  6x Schwarz 403,
  1x Lila 98,
  1x Orange 316,
  1x Rot 46

Vorlagenheft

Seiten 2, 3

Bänder mit Dreiecken

Die beiden Bänder mit den Dreiecken in der Mitte sind nach dem gleichen Knüpfplan (siehe Vorlage auf Seite 2) gearbeitet. Die Anordnung der Fäden für die Bänder mit weißer bzw. schwarzer Grundfarbe sind über dem Knüpfplan gezeichnet. Die farbliche Untermalung des Bandes entspricht dem schwarzen Band. Die weißen bzw. schwarzen Fäden in einer Länge von 1 m abschneiden, alle farbigen Fäden in einer Länge von 1,10 m. Nach ca. 15 cm die Fäden ordnen, fixieren, das Band nach der Vorlage knüpfen und mit je zwei Kordeln auf beiden Seiten abschließen.

Band mit schwarzer Mitte

Alle schwarzen Fäden in einer Länge von 1 m, alle farbigen von 1,10 m abschneiden und nach 15 cm ordnen und fixieren. Das Band nach der Vorlage knüpfen und zum Schluss mit je zwei Kordeln auf jeder Seite beenden. *Hinweis:* Alle in der Vorlage nicht farblich hinterlegten Knoten sind schwarz.

Von Herzen

Material

Band mit Herzen

- Perlgarn Nr. 5 in
  6x Violett 102,
  2x Rot 335,
  2x Orange 316,
  2x Gelb 290

Filigranes Band

- Perlgarn Nr. 5 in
  2x Blau 148,
  2x Hellviolett 101,
  2x Rot 335,
  2x Orange 316,
  2x Gelb 290,
  2x Schwarz 403

Vorlagenheft

Seiten 4, 5

Band mit Herzen

Die zwölf 1,20 m langen Fäden in der angegebenen Reihenfolge, 15 cm vom Ende entfernt, ordnen und fixieren. Dann das Band nach der Vorlage knüpfen. Die schräge Reihe mit elf rechten Knoten wird jeweils acht Mal hintereinander geknüpft; die Striche am Rand deuten an, welche Farben diese acht Reihen haben. Das Band zum Schluss auf beiden Seiten mit je einer Kordel abschließen.

Filigranes Band

1 Zwölf 1,20 m lange Fäden nach der Vorlage ordnen und ca. 15 cm vom Ende entfernt mit Klebeband fixieren. Zunächst die Raute (Abschnitt A) knüpfen. Die Fäden in Zweiergruppen aufteilen und mit je zwei Fäden einen Knotenstrang arbeiten: Zum Beispiel mit den ersten beiden Fäden auf der linken Seite zunächst mit dem blauen Faden fünf rechts-links geknüpfte Knoten über den violetten Faden legen, dann mit dem violetten Faden fünf links-rechts geknüpfte Knoten über den blauen Faden. Abschnitt B zeigt die jeweilige Anzahl und Art der Knoten für die Zweiergruppen.

2 Nach dem Knüpfen der sechs Stränge die Fäden wieder ordnen und die Raute (Abschnitt A) wiederholen. So werden alle Knotenstränge wieder zusammengeführt. Dann wieder in Zweiergruppen knüpfen (Abschnitt C); mit den ersten beiden Fäden werden hier zuerst fünf links-rechts geknüpfte Knoten gelegt, dann fünf rechts-links geknüpfte. Das Band mit den Abschnitten A-B-A-C-A-B-A beenden und auf beiden Seiten je eine Kordel drehen.

Für Fußball-Fans

Material

Deutschland-Band

- Perlgarn Nr. 5 in 6x Weiß 1
- Häkelgarn Arista in 1x Schwarz 342, 1x Rot 318, 1x Gold 300

Tor-Band

- Perlgarn Nr. 5 in 7x Weiß 1, 7x Schwarz 403
- 2x Häkelgarn Arista in Rot 318
- Fußballperle, 16 mm Ø

Fußball-Männchen

- Häkelgarn Arista in 4x Schwarz 342, 4x Rot 318, 4x Gold 300
- Polaris-Perle in Rosa, 10 mm Ø
- Kunststoff-Fußball, 35 mm Ø
- Tuschestift in Schwarz, wasserfest
- Farbstift in Rot
- Acrylfarbe in Weiß

Vorlagenheft
Seiten 6 – 9

Deutschland-Band

Sechs 1 m lange weiße Fäden und je einen 1,20 m langen Faden in Schwarz, Rot und Gold abschneiden, nach 15 cm nach der Vorlage ordnen und fixieren. Den ersten Teil des Bandes (Abschnitt A) knüpfen, dann die Fäden in drei Gruppen teilen (Abschnitt B) und jeweils mit dem Glitzer-Häkelgarn nacheinander sechs Knoten über die jeweils zusammengefassten weißen Fäden legen. Die Abschnitte A und B im Wechsel arbeiten (A-B-A), dabei die Fäden nach dem Abschnitt B immer wieder in der Ausgangsstellung ordnen. Das Band mit je einer Kordel versehen.

Tor-Band

Die 1,10 m langen Fäden in der angegebenen Reihenfolge ca. 15 cm vom Ende entfernt ordnen und die erste Hälfte des Bandes mit dem Wort „Tor“ nach der Vorlage arbeiten. Dann die acht Fäden in der Mitte durch die Fußballperle ziehen. Dazu die Enden der Fäden mit etwas Klebstoff bestreichen, zwischen den Fingern dünn ausrollen und steif werden lassen. Nach dem Durchschieben die Fäden wieder trennen. Mit dem jeweils roten Faden der Randfäden nacheinander sechs Knoten (rechts-links bzw. links-rechts) über die jeweils zusammengefassten drei schwarzen Fäden legen; danach die Fäden wieder wie am Anfang ausrichten und die zweite Bandhälfte mit dem Netz knüpfen. Zuletzt je zwei Kordeln auf beiden Seiten drehen.

Die Anleitung für das *Fußball-Männchen* befindet sich im Vorlagenheft auf Seite 8.

Rautenbänder

Material

Band in Gold

- Perlgarn Nr. 5 in
  2x Gelb 288,
  2x Rot 46,
  2x Dunkelrot 22,
  1x Hellblau 130,
  1x Dunkelblau 148,
  1x Dunkelgrün 189,
  1x Hellgrün 265
- 6x Häkelgarn „Arista“ in Gold 300

Buntes Band

- Perlgarn Nr. 5 in
  2x Gelb 288,
  2x Rot 335,
  4x Schwarz 403,
  2x Dunkelrot 22,
  1x Hellblau 130,
  1x Dunkelgrün 189,
  1x Blau 146,
  1x Grün 228,
  1x Dunkelblau 148,
  1x Hellgrün 265

Schutzengelchen

- Perlgarn Nr. 5 in
  1x Dunkelrot 22,
  1x Dunkelgrün 189,
  1x Rot 46,
  1x Hellgrün 265,
  1x Gelb 288
- 4x Häkelgarn „Arista“ in Gold 300
- Polaris-Perle in Rosa, 10 mm Ø
- Tuschestift in Schwarz, wasserfest
- Farbstift in Rot
- Acrylfarbe in Weiß

Vorlagenheft

Seiten 10, 11

Rautenbänder

Beide Rautenbänder sind nach demselben Knüpfplan (siehe Vorlage Rautenbänder) erstellt. Die farbige Untermalung der Symbole entspricht dem bunten Rautenband. Beim Band mit Gold stehen die mit Schwarz, Dunkelgrün und Dunkelblau hinterlegten Symbole für goldfarbene Knoten. Je nach Wunsch die Fäden für das bunte Band oder das Rautenband mit Gold nach der Vorlage ordnen und fixieren und die Knoten nach den Symbolen knüpfen. Das Band mit je zwei Kordeln auf beiden Seiten abschließen.

Schutzengelchen

1 Je einen 50 cm langen Perlgarn-Faden mittig und kreuzweise auf einen 20 cm langen Goldfaden legen, dann die Enden des Goldfadens durch die Perle ziehen, bis die bunten Fäden an bzw. in der Bohrung sind. Die Goldfäden als Aufhängung verknoten und am Tisch fixieren. Die zehn Fadenenden entsprechend der Vorlage ordnen und den Körper knüpfen. Zuletzt die Fäden mittig teilen, mit jedem Fadenbündel eine Schlinge legen und als Fuß festziehen.

2 Am Rand des Körpers jeweils zwei je 40 cm lange Häkelgarn-Fäden mittig einhängen und damit nach der Vorlage die Flügel knüpfen. Dazu den Körper jeweils quer so fixieren, dass die vier Fadenenden senkrecht herabhängen. Zuletzt mit jedem Faden eine Schlinge legen und diese festziehen, dann die Überstände abschneiden. Eventuell die Knotenenden mit etwas Sekundenkleber sichern.

3 Einige Goldfäden über dem Kopf an der Aufhängung anknoten und als Haare auffächern und zurechtschneiden. Das Gesicht aufmalen.

Delfine & Pinguine

Material

Delfine

- Perlgarn Nr. 5 in
  2x Schwarz 403,
  1x Hellgrün 185,
  1x Grün 187,
  2x Dunkelgrün 189,
  1x Hellblau 130,
  1x Blau 146,
  2x Dunkelblau 148
- 8x Häkelgarn Arista in Silber 301
- 2 Rocailles in Schwarz, 3,1 mm Ø
- 5 Swarovski-Schmuckaccessoires in Aquamarin, oval, 17 mm
- Ringel, 5 mm Ø, 0,8 mm stark

Pinguine

- Perlgarn Nr. 5 in
  8x Hellgrau 235,
  5x Multicolor Blau-Grün 1345
  3x Weiß 1
- 3 Rocailles in Schwarz, 3,1 mm Ø

Vorlagenheft

Seiten 12, 13

Delfine

Die 18 jeweils 1,10 m langen Fäden nach ca. 15 cm in der angegebenen Reihenfolge ordnen und fixieren. Schräge Reihen mit rechts-links und links-rechts geknüpften Knoten knüpfen; dabei ändert sich die Ausgangsstellung der Fäden das ganze Band hindurch nicht. Als Auge der Delfine jeweils einen Knoten auslassen und dafür die beiden Fäden durch eine Perle ziehen. Dazu die Enden mit etwas Kraftkleber bestreichen, zwischen den Fingern rollen und anschließend wieder trennen. Zuletzt auf beiden Seiten je zwei Kordeln arbeiten. Die Accessoieres mit Ringeln am Band einhängen.

Pinguine

Die 16 Fäden in einer Länge von 1,30 m nach ca. 15 cm ordnen und an der Tischkante festkleben. Abschnitt A und B im Wechsel arbeiten; dabei bleibt die Ausgangsstellung der Fäden im Abschnitt A erhalten, da nur links-rechts und rechts-links geknüpfte Knoten gelegt werden. Als Augen Perlen einarbeiten: Anstatt den Knoten mit zwei Fäden zu knüpfen, jeweils eine Perle auf die beiden Fäden aufziehen (siehe oben und Seite 32). Im Abschnitt B ändert sich die Reihenfolge der Fäden, ist nach der letzten waagerechten Knüpfzeile aber wieder wie die am Anfang. Das Band auf beiden Seiten mit je zwei Kordeln abschließen.

Vorlagenheft

Reihe Creativ Compact
„Freundschaftsbänder. Neue Knüpf-Ideen"
von Ingrid Moras

Printed in Germany
ISBN-13: 978-3-419-56796-8
ISBN-10: 3-419-56796-0

Reinzeichnungen: Monika Moras

Hinweis

Dieses Vorlagenheft kann aus dem Buch herausgenommen werden.
Dazu die obere und die untere Klammer in der Mitte des Buches öffnen.
Die mittlere Klammer nicht öffnen, sie hält das Vorlagenheft zusammen.
Das Vorlagenheft herausnehmen und die Klammern wieder schließen.

Bänder mit Dreiecken

Seite 8/9

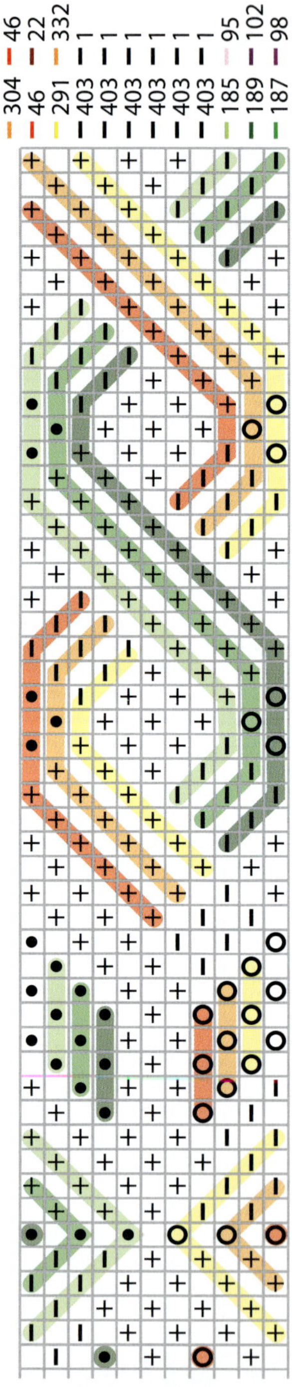

Fortsetzung

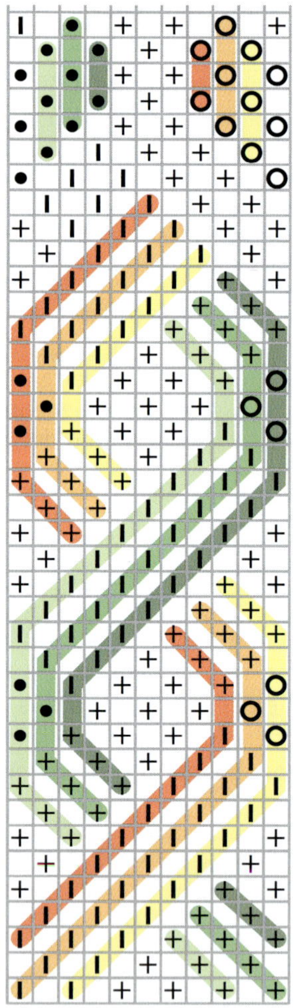

Band mit schwarzer Mitte Seite 8/9

Fortsetzung

Band mit Herzen

Seite 10/11

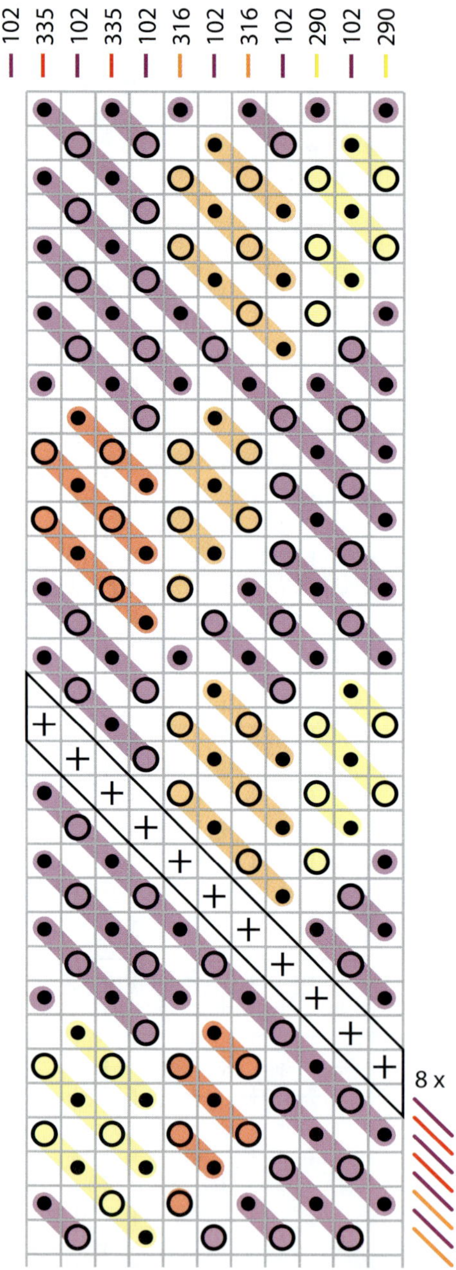

Fortsetzung

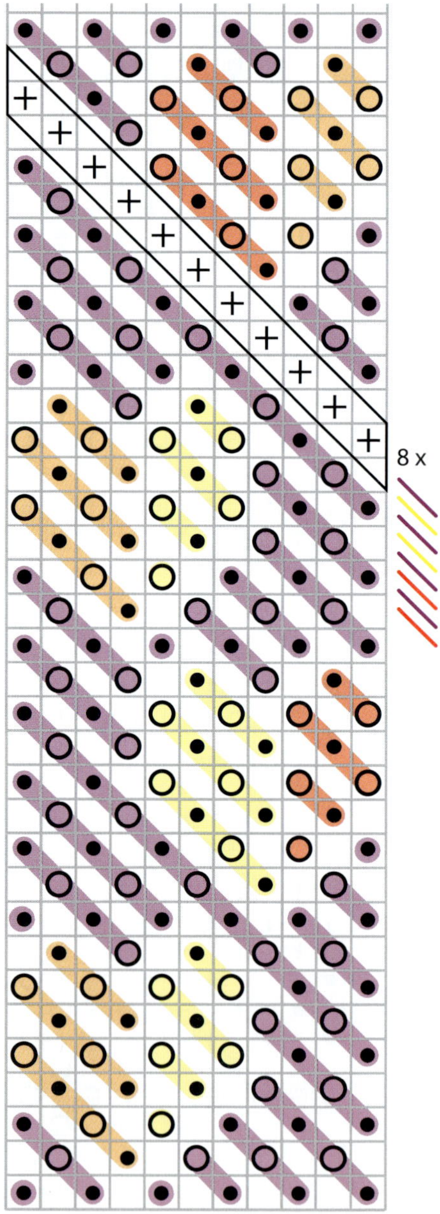

Filigranes Band

A

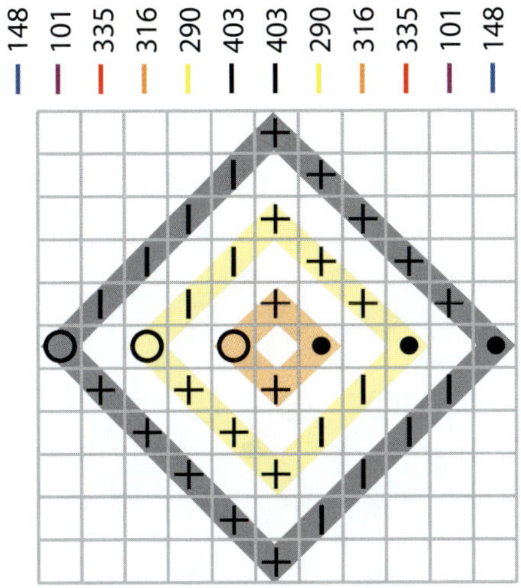

B

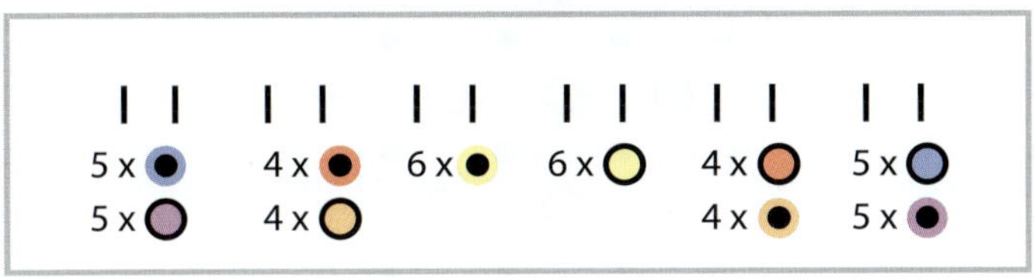

A

C

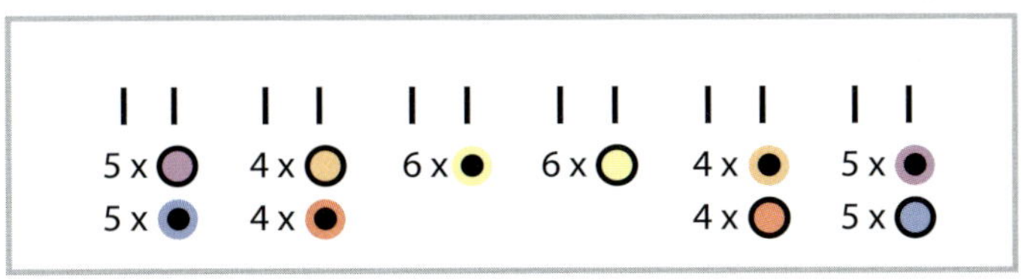

A

B

A

C

A

B

A

Deutschland-Band

Seite 12/13

A

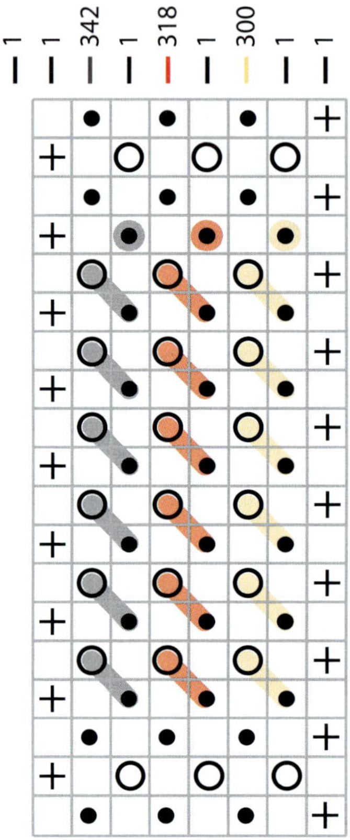

B

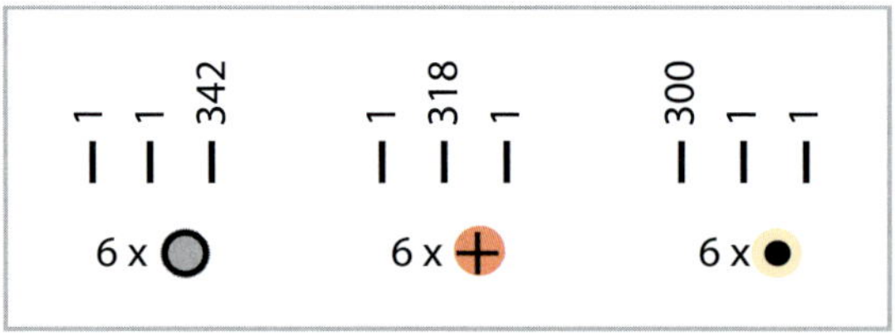

A

B

A

Tor-Band

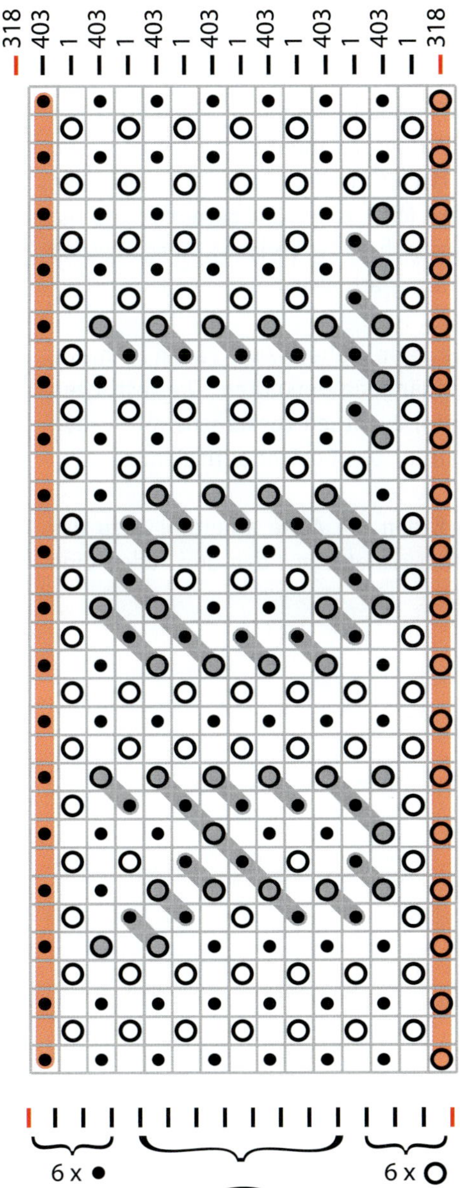

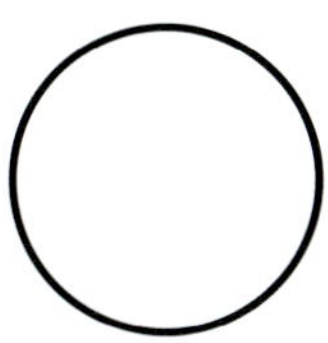

Fortsetzung

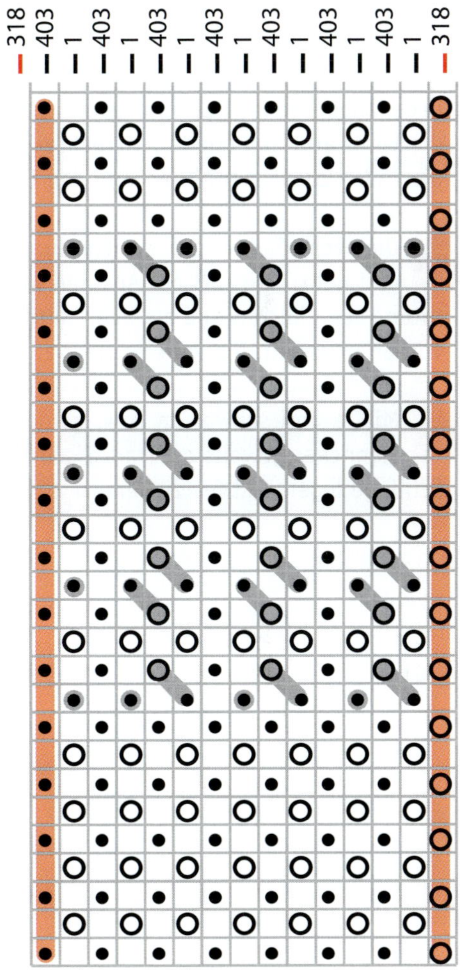

Fußball-Männchen

Abbildung & Materialangaben Seite 12/13

1 Zwei rote 70 cm lange Fäden mittig am Fußball einhängen (siehe Vorlage). Jeweils zwei goldene und schwarze Fäden um die roten Fäden herum mittig anknoten. Den Fußball mit Klebeband am Tisch fixieren. Die zwölf Fadenenden in der angegebenen Reihenfolge ordnen, in der Mitte teilen und getrennt zunächst die Beine arbeiten (siehe senkrechter Trennstrich in der Vorlage). Anschließend die Fäden zusammenführen und den Oberkörper arbeiten.

2 Die sechs Fäden in der Mitte durch die Perle ziehen. Zwei Fäden (schwarz und gelb) in ca. 3 cm Abstand als Aufhängung verknoten. Die restlichen roten Fäden kürzen und als Haare auffächern; eventuell zusätzliche rote Fäden vorher anbinden, um volleres Haar zu erhalten. Das Gesicht aufmalen.

3 Mit je drei schwarzen bzw. goldenen Fäden die Arme arbeiten; dazu das Männchen jeweils quer am Tisch fixieren. Zuletzt mit den drei Fäden eine Schlinge legen und festziehen.

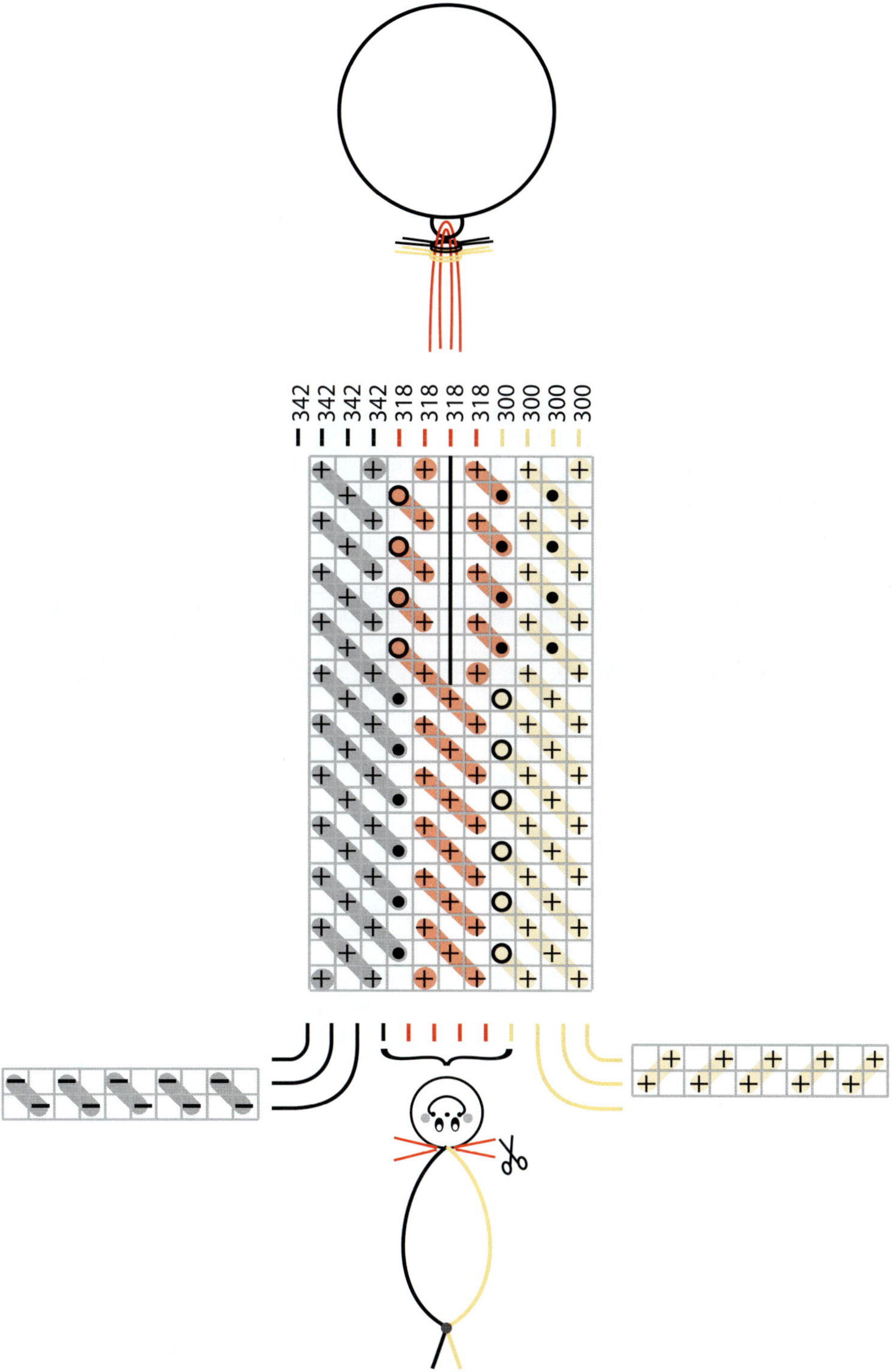
342
342
342
342
318
318
318
318
300
300
300
300

Rautenbänder

Seite 14/15

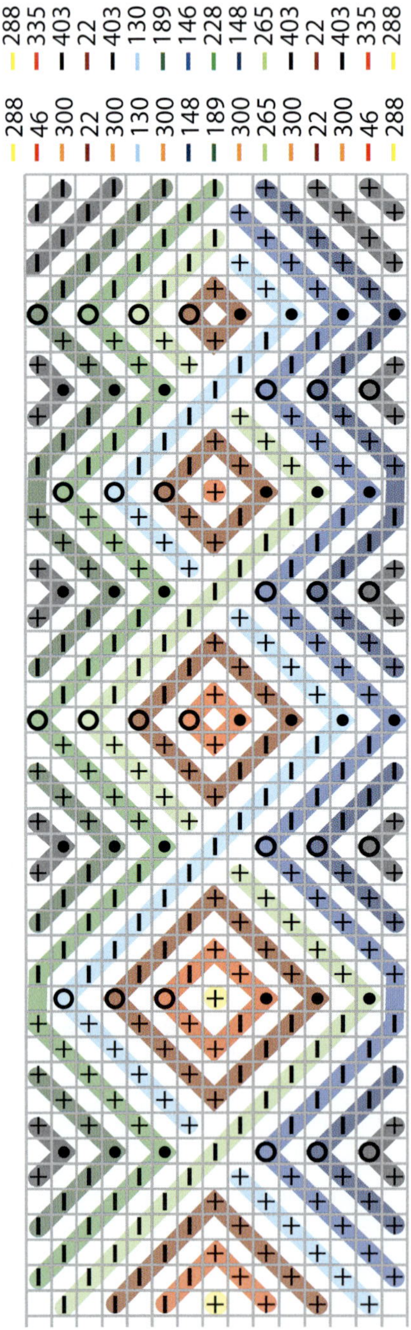

Fortsetzung

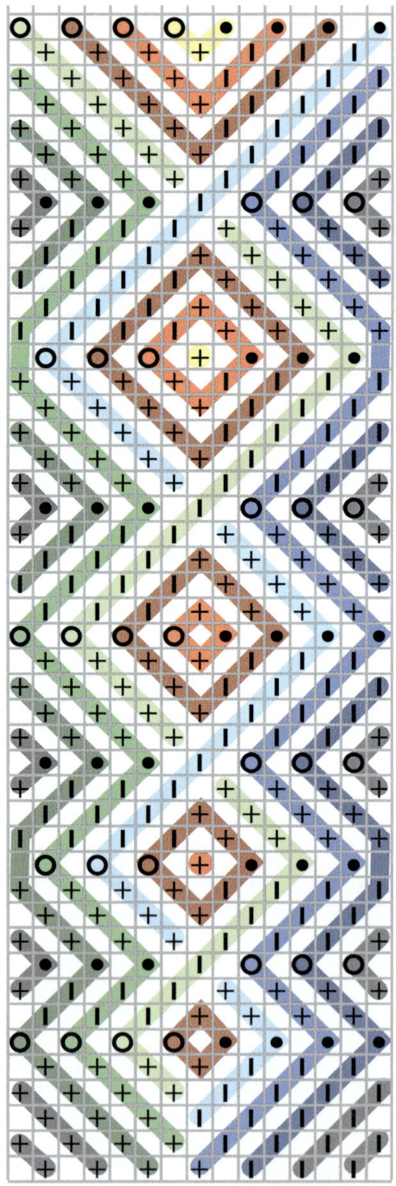

Schutzengelchen

Seite 14/15

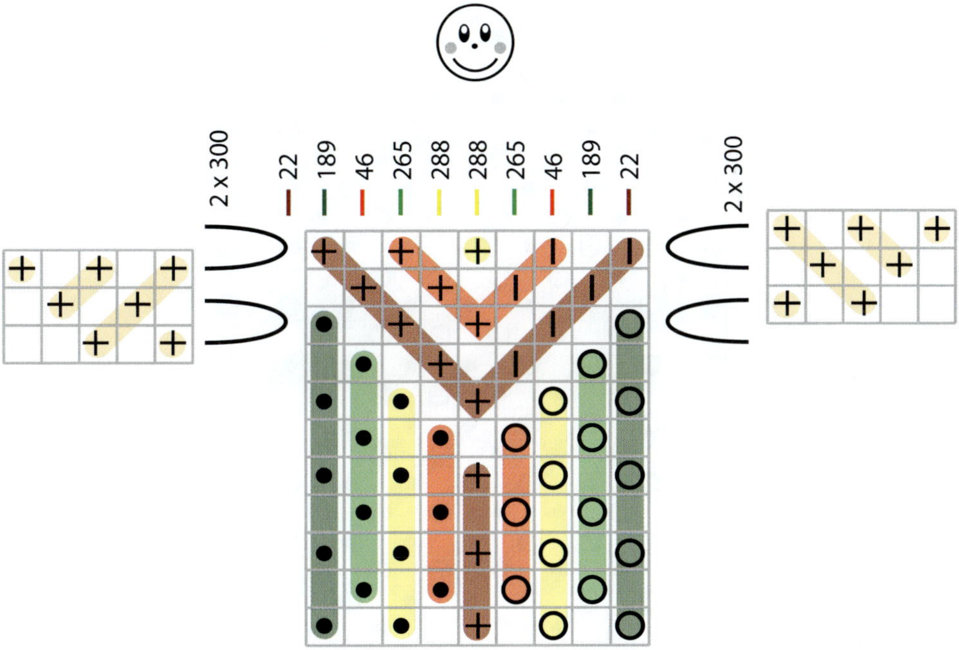

Delfine

Seite 16/17

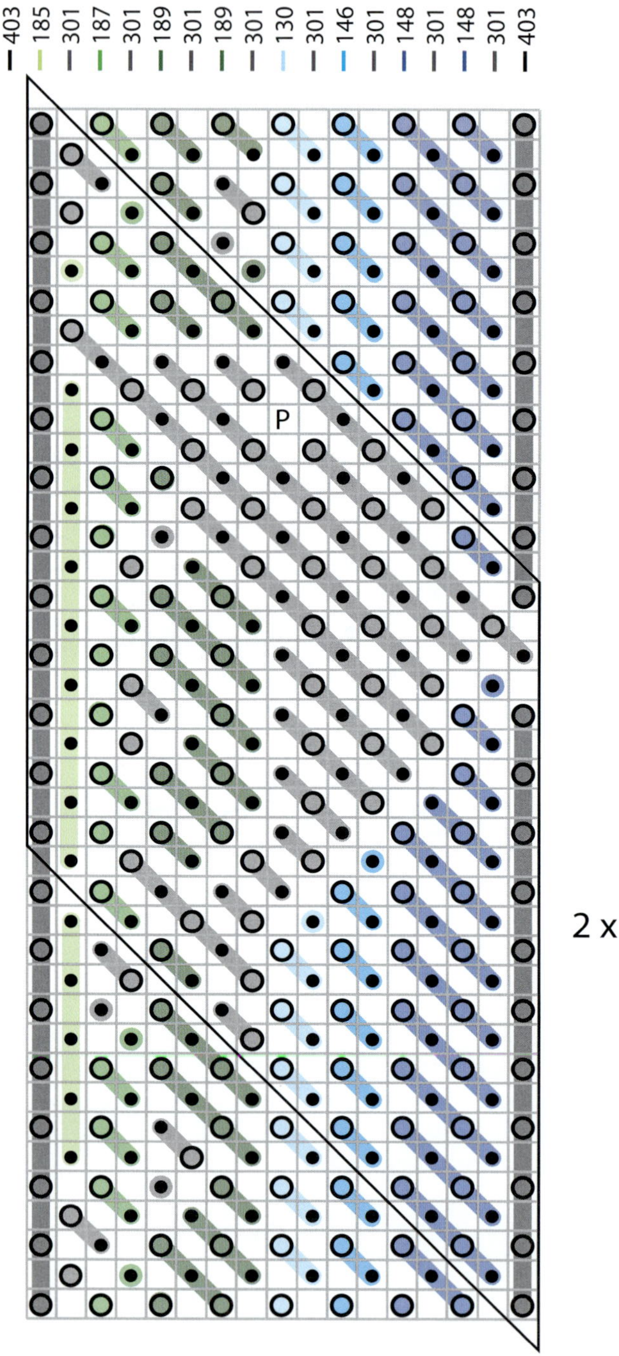

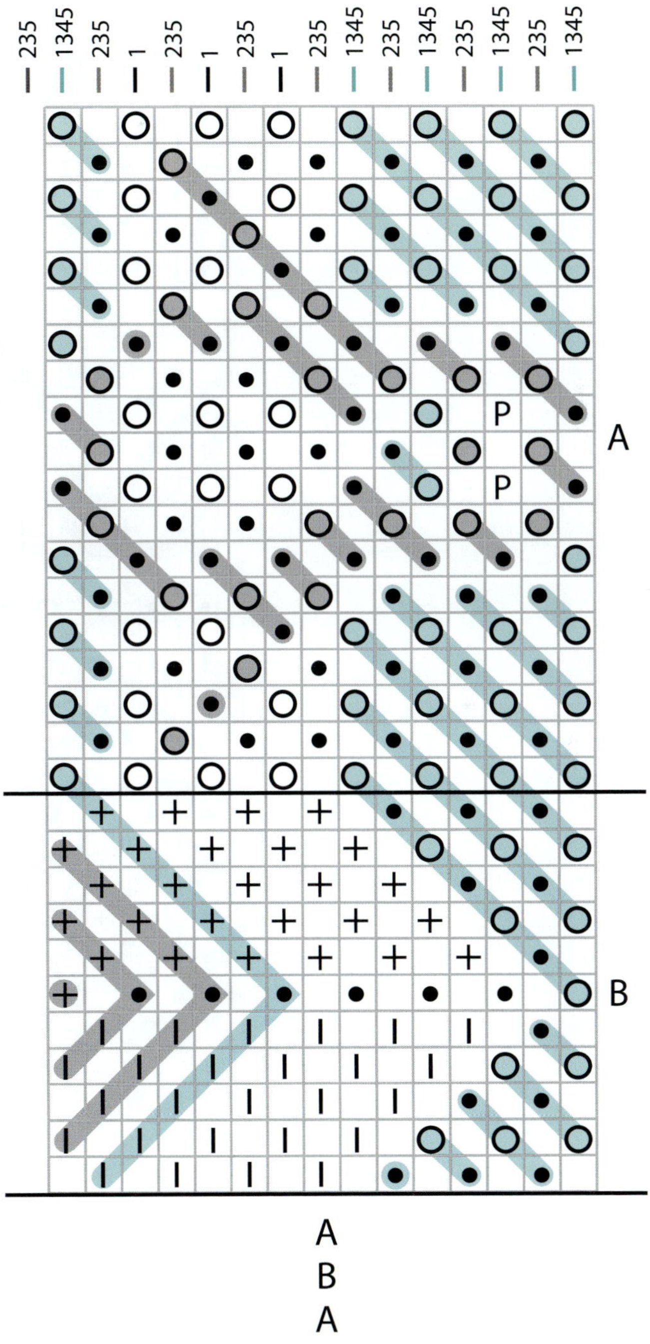
235
1345
235
1
235
1
235
1
235
1345
235
1345
235
1345
235
1345
P
P
A
B
A
B
A

Band mit Kugel

Seite 18/19

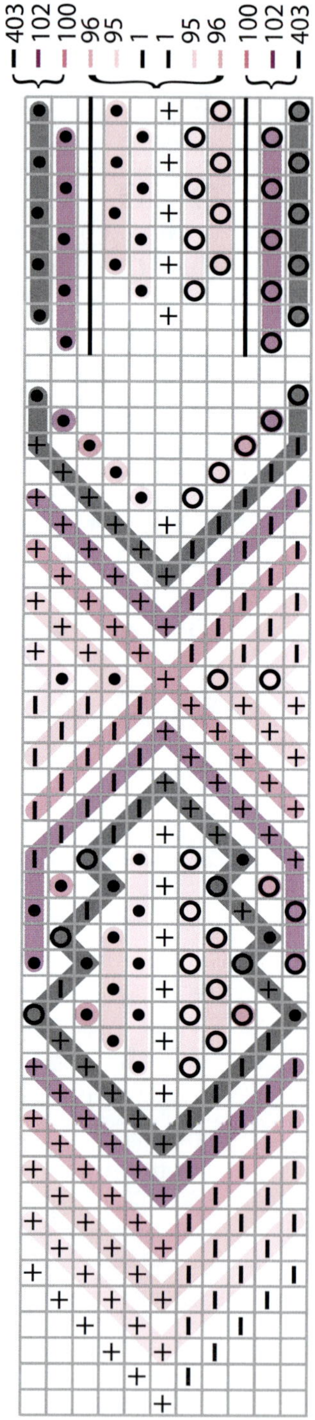

Band mit Würfeln

Seite 18/19

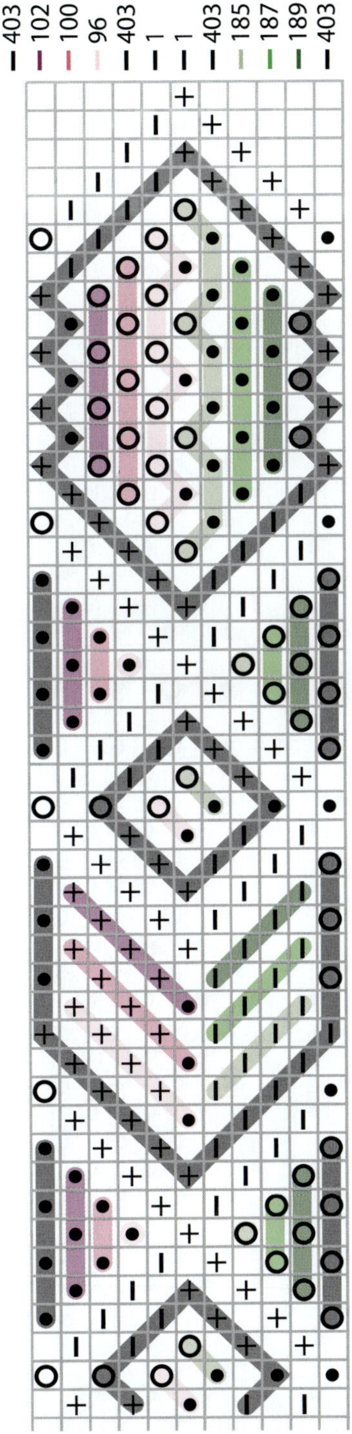

Fortsetzung

Buntes Band

Seite 20/21

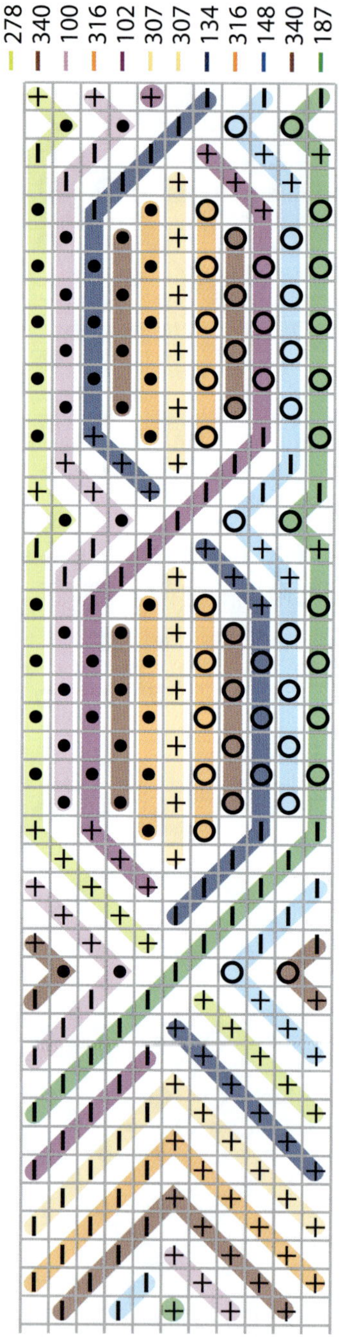

Fortsetzung

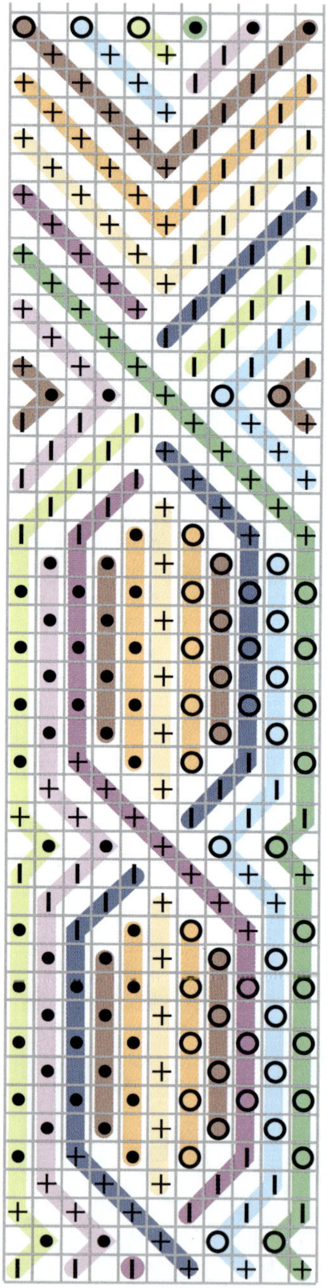

Band mit Motivteilen

Seite 20/21

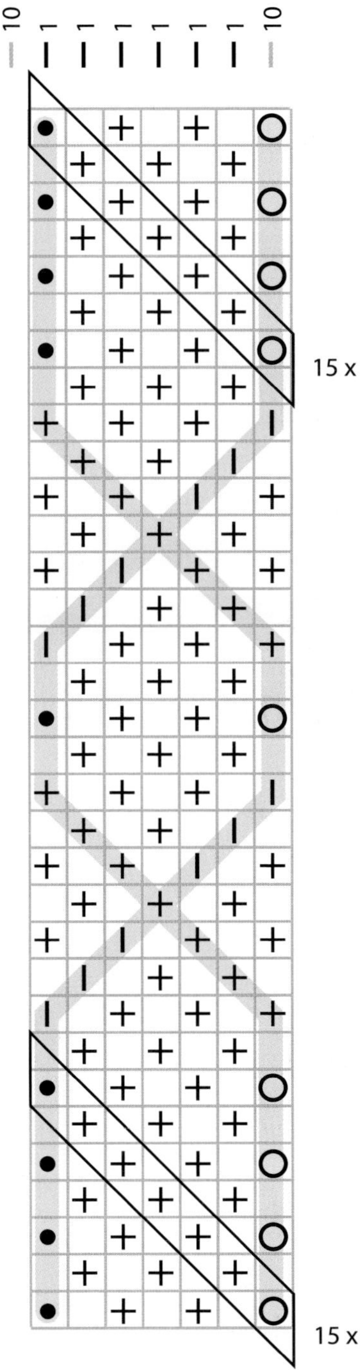

Band mit Glassteinen

Seite 20/21

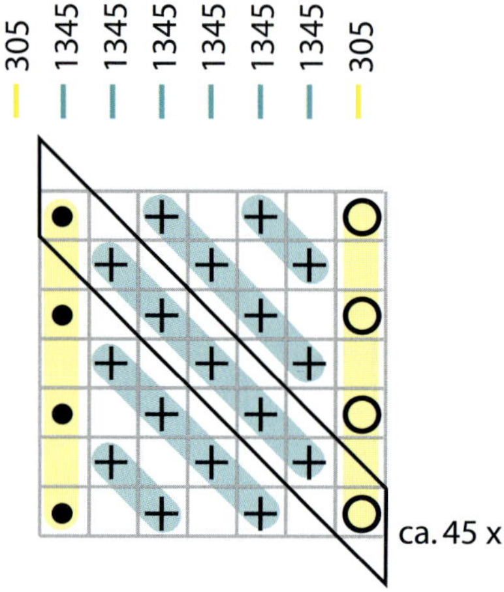

Band mit M ♥ K

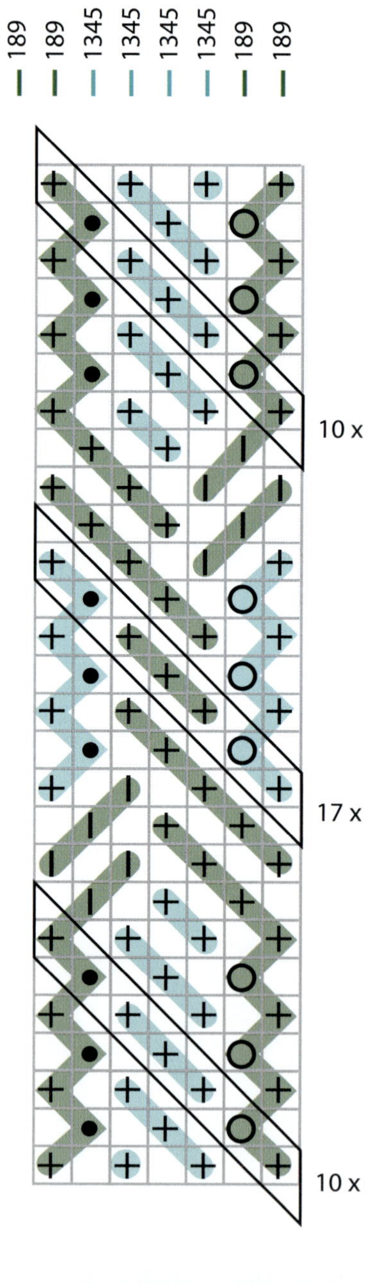

Zackenband

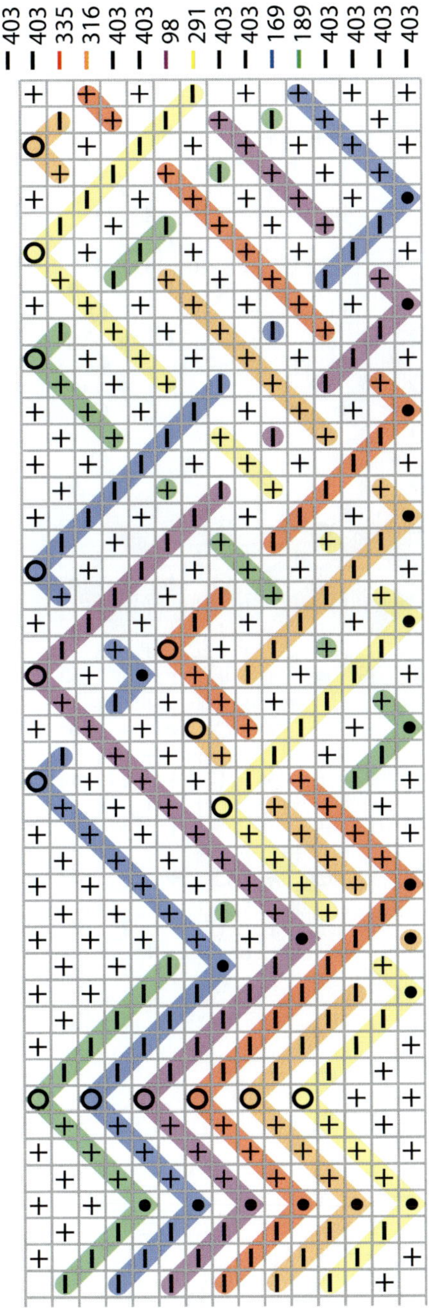

Fortsetzung

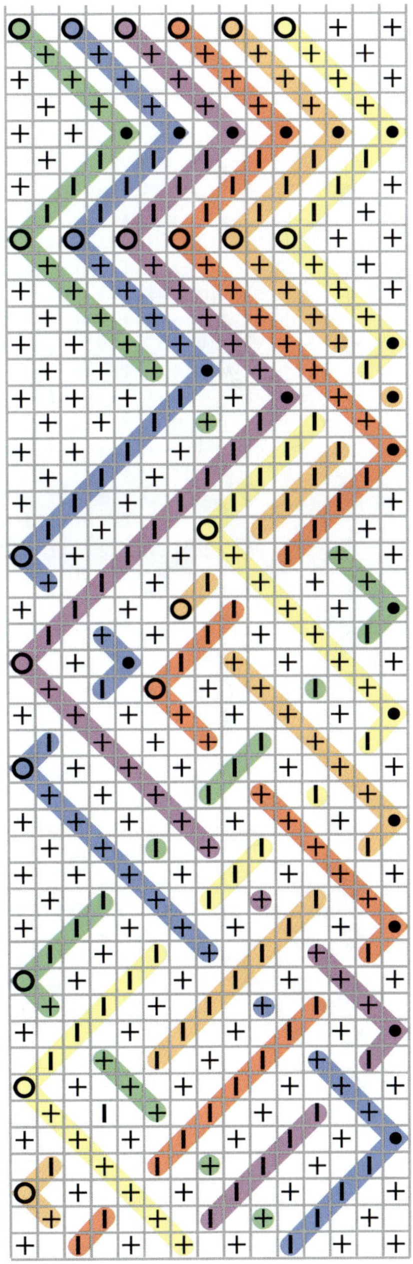

Rautenband

Seite 22/23

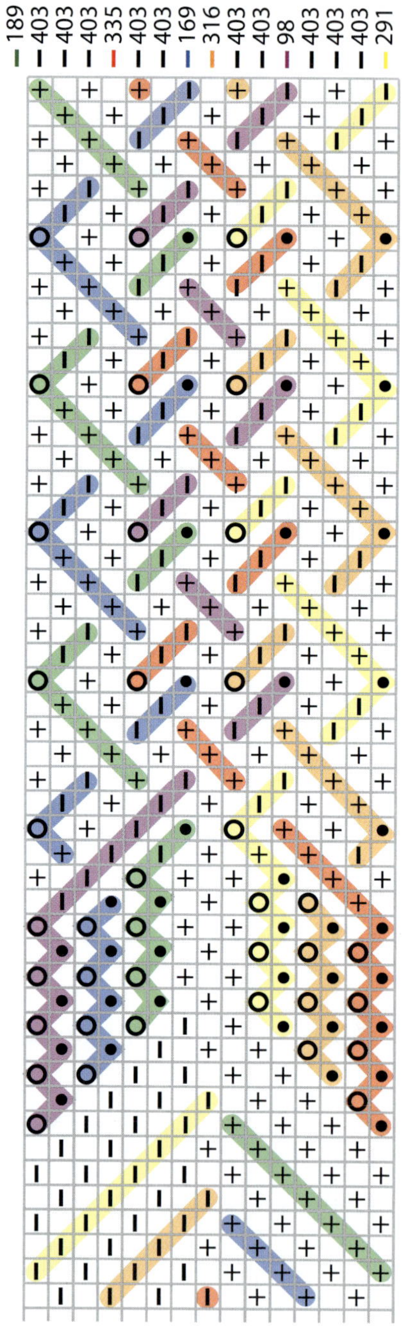

Fortsetzung

SUN-SEA-Band

Seite 24/25

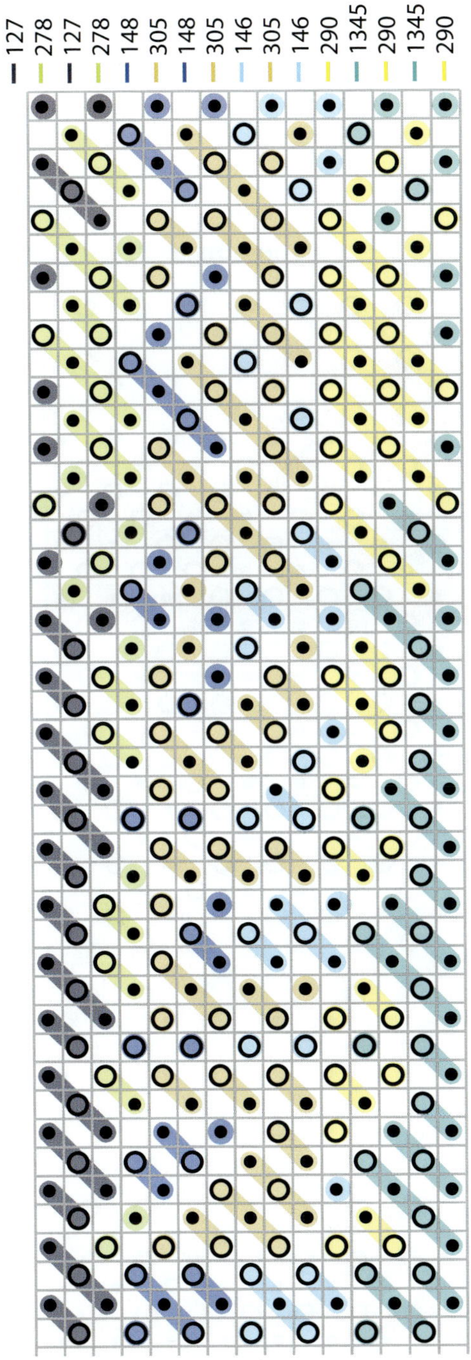

Fortsetzung

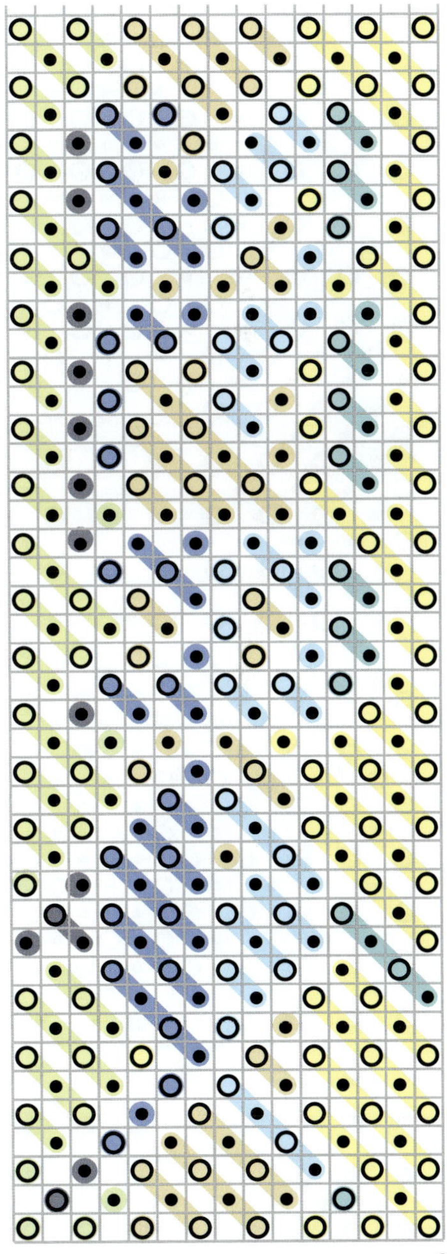

Drachenband

Seite 24/25

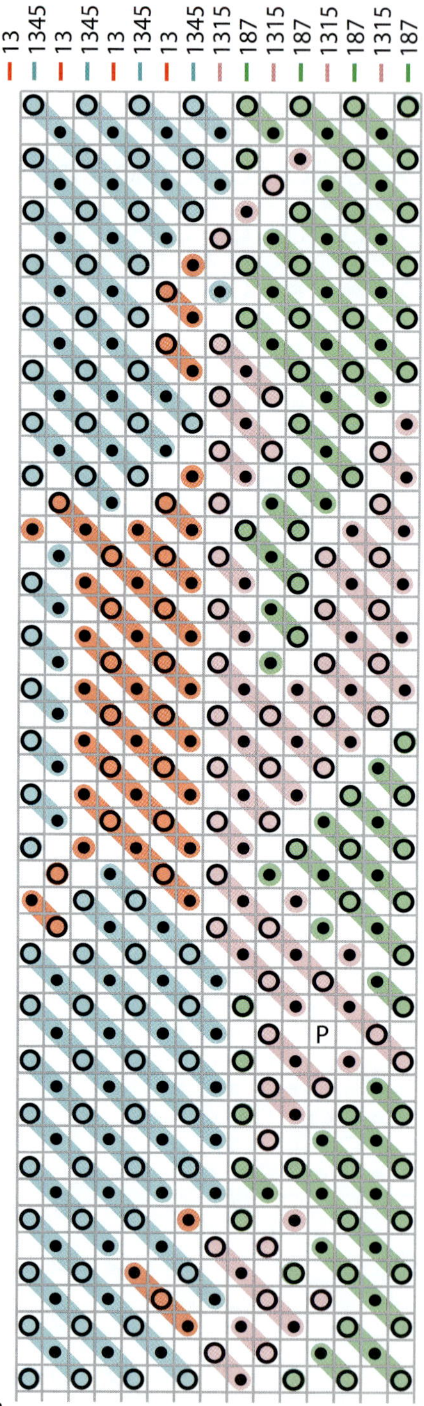

Fortsetzung

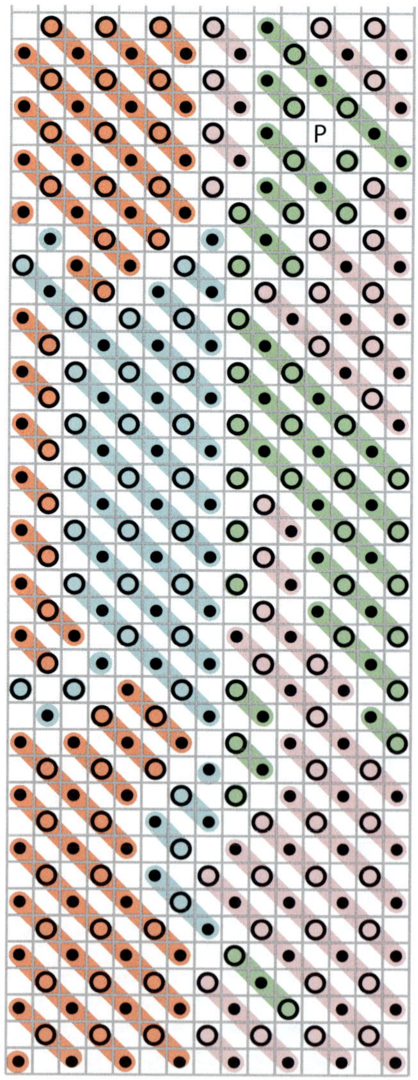

Weiße Blüten

Seite 26/27

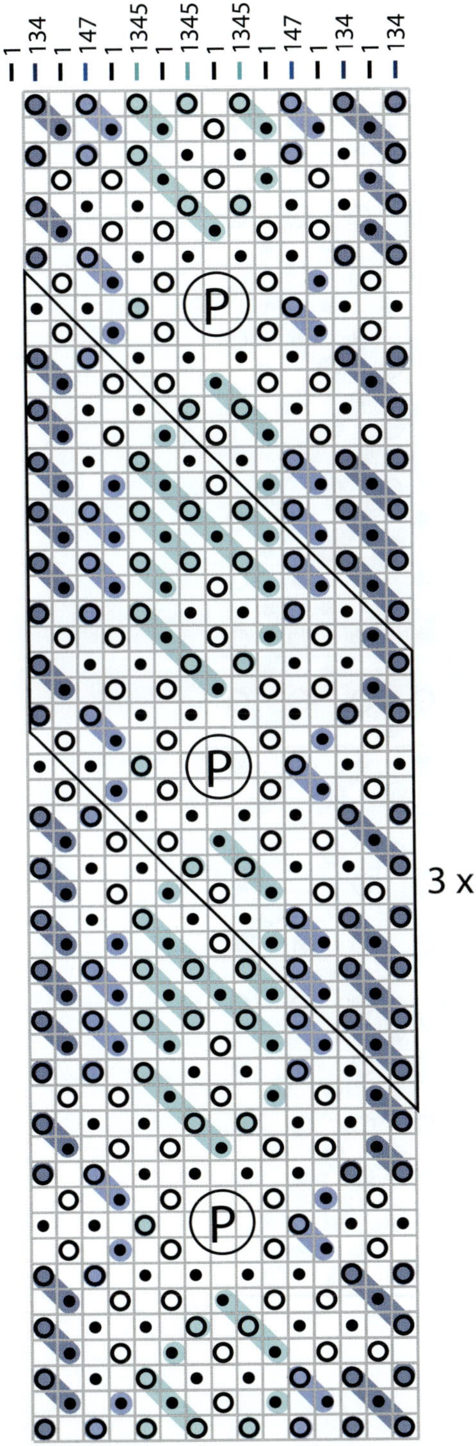

Blaue Blüten

Seite 26/27

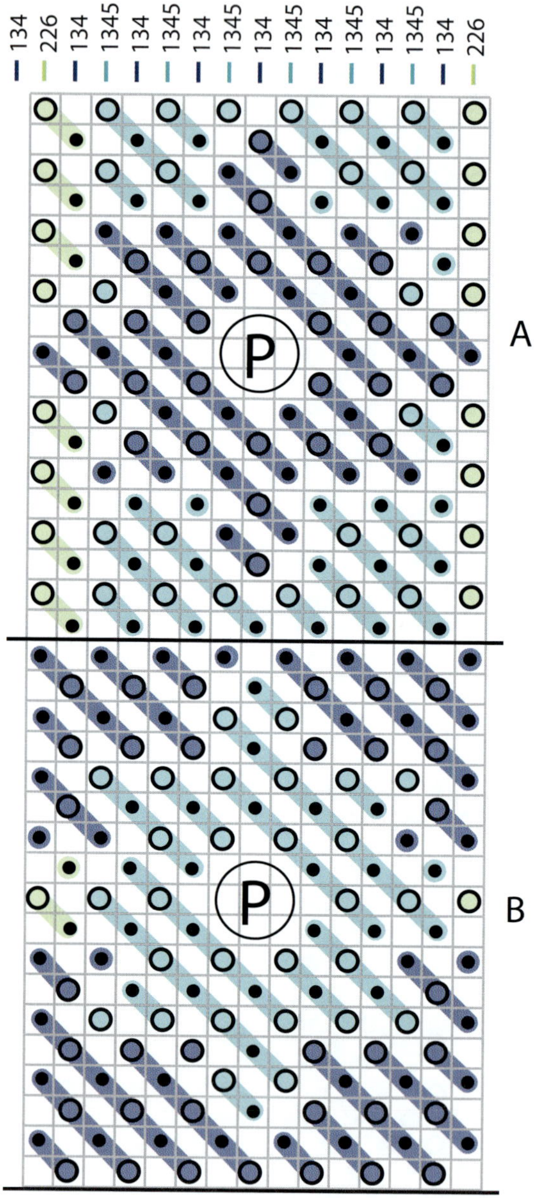

A
B
A

Bettelarmband

Seite 26/27

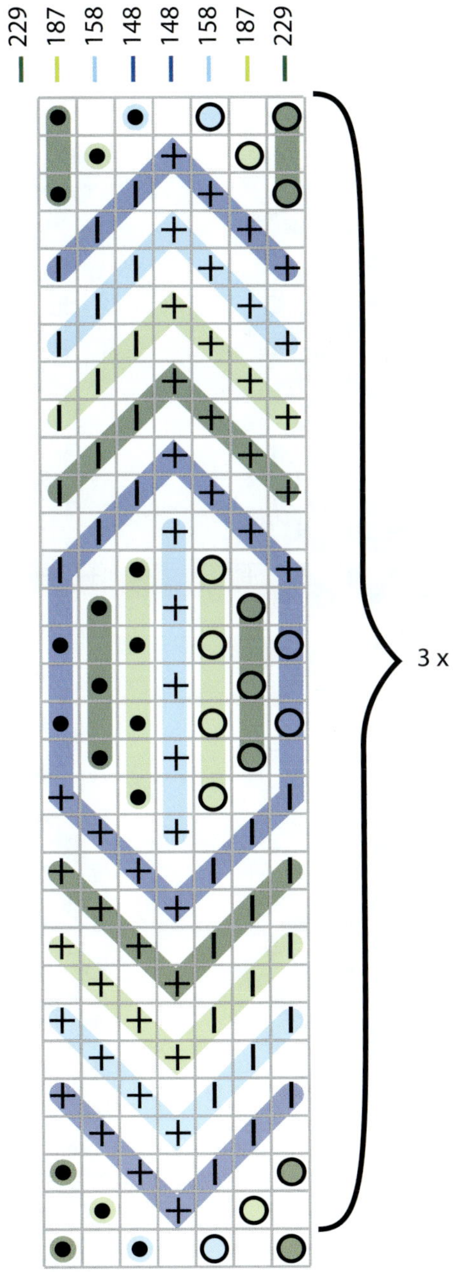

Symmetrisches Band

Seite 28/29

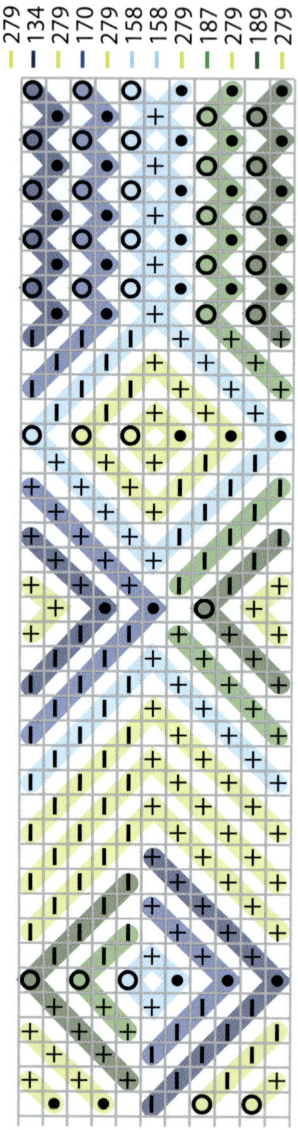

Fortsetzung

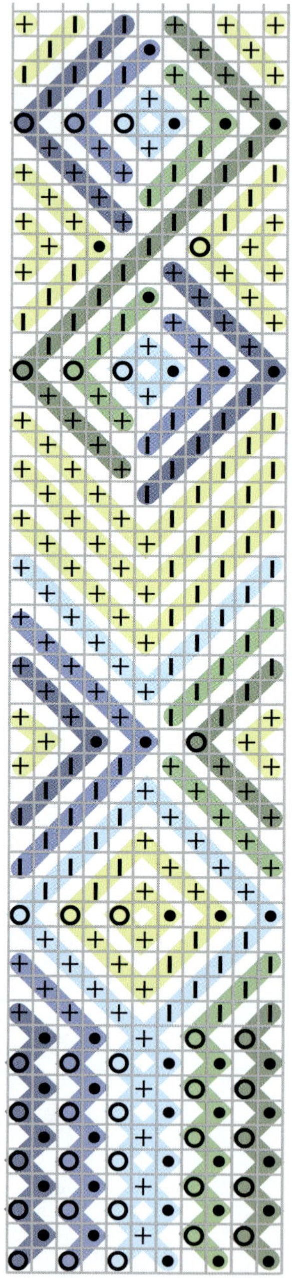

Band mit roten Vierecken Seite 28/29

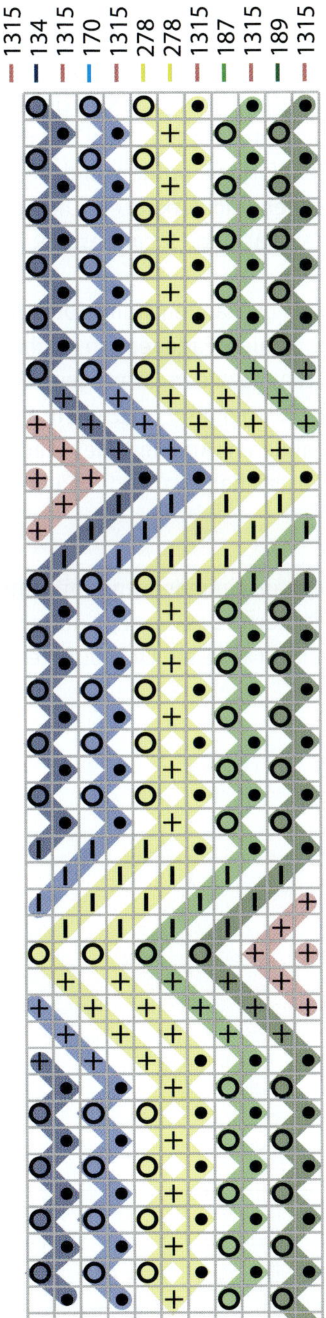

Fortsetzung

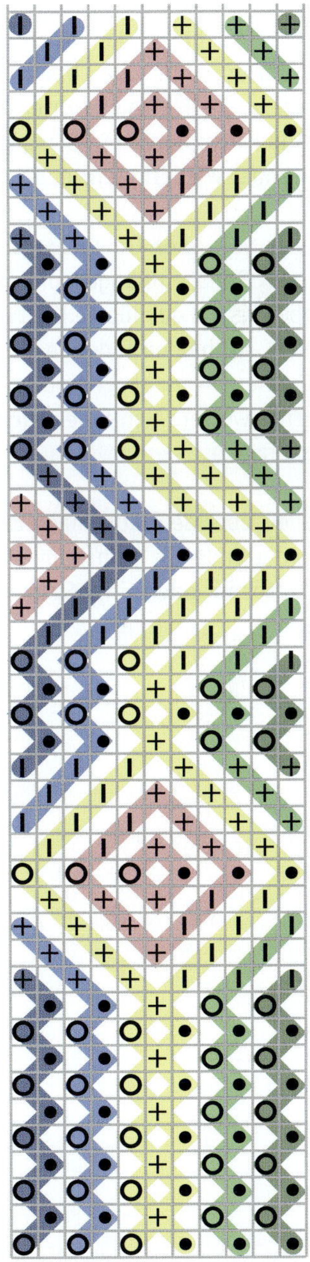

Kleiner Punk

Abbildung & Materialangaben Seite 28/29

1 Zwölf 40 cm lange Fäden durch die Holzperle ziehen; falls nötig, das Loch etwas größer bohren. Den Überstand über dem Kopf (ca. 3 cm) an der Tischkante fixieren, die Fäden darunter nach der Vorlage ordnen und den Körper knüpfen. Alle Fäden durch ein Glasquadrat ziehen und verknoten. Diese Arbeitsschritte zweimal wiederholen, dann die Fäden nach ca. 3 cm abschneiden.

2 Auf jeder Seite des Oberkörpers einen 40 cm langen dunkelblauen Faden mittig am Rand einhängen und mit den beiden Fadenenden nacheinander jeweils sieben rechts geknüpfte Knoten arbeiten; dazu den Körper jeweils waagerecht fixieren. Mit beiden Fäden je eine Schlinge legen und festziehen. Den Überstand des einen Arms abschneiden; beim anderen Arm mit den Fäden nach ca. 4 cm eine weitere Schlinge legen und festziehen, dann die Fäden gleichmäßig einkürzen.

3 Die Fäden über dem Kopf nach ca. 10 mm abschneiden und mit einer Nähnadel vom Ende bis zum Kopf fein auffächern. Das Gesicht aufmalen; mit einem Zahnstocher oder einer Sticknadel weiße Farbe als Lichtpunkte im Auge auftupfen.

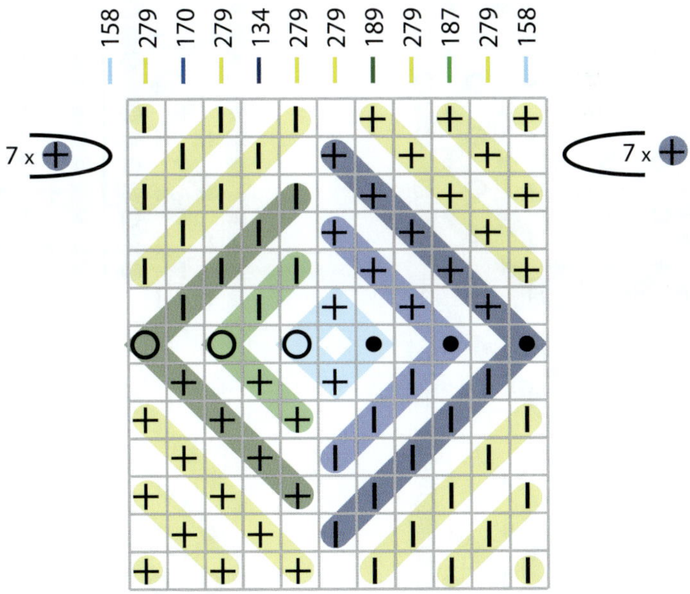
158 279 170 279 134 279 279 189 279 187 279 158
7 x
7 x

Band mit grünen Perlen Seite 30/31

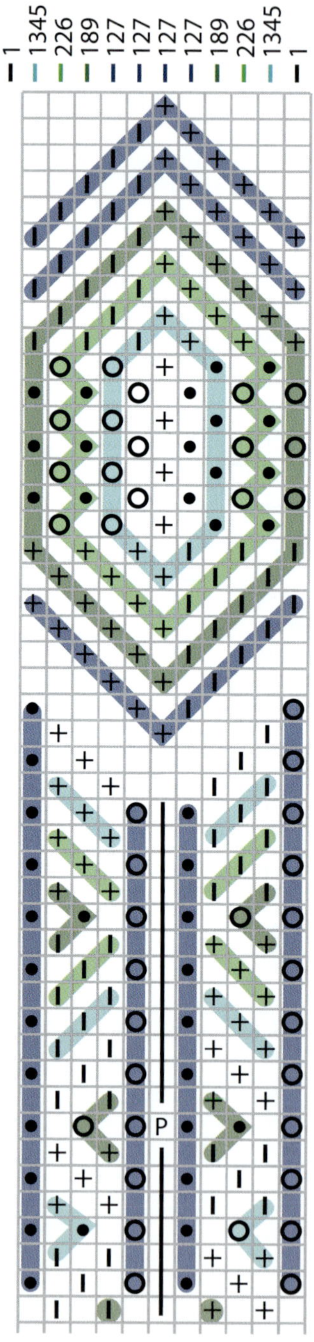

Fortsetzung

Band mit Würfeln

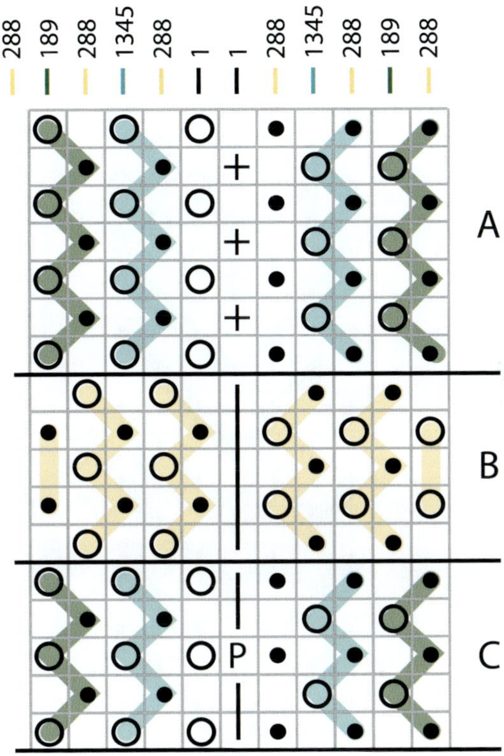

B
A
B
C
B
A
B
C
B
A

Band mit Uhr

Seite 30/31

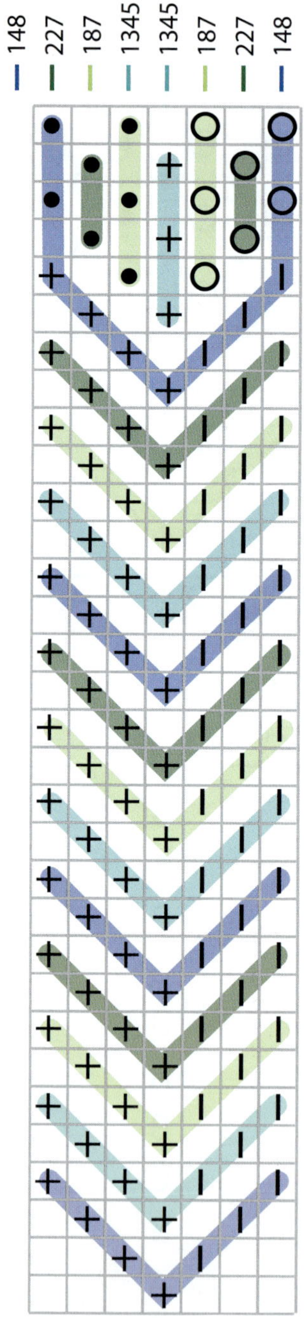

Mit Kugel & Würfeln

Material

Band mit Kugel

- Perlgarn Nr. 5 in
  2x Schwarz 403,
  2x Violett 102,
  2x Lila 100,
  2x Rosa 96,
  2x Pastellrosa 95
  2x Weiß 1
- Zweiton-Acrylperle in Lila, 18 mm Ø

Band mit Würfeln

- Perlgarn Nr. 5 in
  4x Schwarz 403,
  1x Violett 102,
  1x Lila 100,
  1x Rosa 96,
  2x Weiß 1,
  1x Hellgrün 185,
  1x Grün 187,
  1x Dunkelgrün 189
- Glasschliff-Würfel, 6 mm, in
  2x Smaragd,
  2x Amethyst

Vorlagenheft
Seiten 14, 15

Band mit Kugel

1 Die zwölf 1,20 m langen Fäden bis zur Mitte durch die Acrylperle ziehen. Eine Fadenhälfte über der Kugel mit Klebeband fixieren, unter der Kugel die Fäden nach der Vorlage ordnen. Zunächst mit jeweils drei Fäden an den Seiten je ein schmales Bändchen und mit den übrigen sechs Fäden in der Mitte ein etwas breiteres Stück getrennt knüpfen (siehe senkrechte Trennstriche in der Vorlage).

2 Anschließend die Fäden in Ausgangsstellung bringen und die drei einzelnen Bändchen durch eine Pfeilspitze, geknotet mit allen zwölf Fäden, zusammenführen. Die Bandhälfte nach der Vorlage beenden und mit zwei Kordeln abschließen. Anschließend das Band um 180 Grad drehen, fixieren und die zweite Bandhälfte nach der gleichen Vorlage genauso arbeiten.

Band mit Würfeln

Die zwölf Fäden in einer Länge von 1,20 m nach der Vorlage ordnen und knüpfen. Das Band auf beiden Seiten mit je zwei Kordeln abschließen. Zwei weiße Perlgarnfäden mittig am Band einhängen und verknoten. Auf die Enden je einen Glaswürfel aufschieben. Unter den Würfeln jeweils einen Knoten legen und mit Klebstoff sichern, damit der Würfel nicht abrutschen kann.

Material

Buntes Band

- Perlgarn Nr. 5 in
  1x Gelbgrün 278,
  2x Rotbraun 340,
  1x Lila 100,
  2x Orange 316,
  1x Violett 102,
  2x Goldgelb 307,
  1x Dunkelblau 134,
  1x Blau 148,
  1x Grün 187

Band mit Motivteilen

- Perlgarn Nr. 5 in
  2x Rosé 10,
  6x Weiß 1
- Emaillierte Formen zum Aufschieben, 1,0 x 0,8 cm Herz, Stern in Rot, Blume, Stern in Türkis, Blume in Grün

Band mit Glassteinen

- Perlgarn Nr. 5 in
  2x Gelb 305,
  6x Multicolor Blau-Grün 1345
- Quadrate zum Aufschieben, ca. 11 mm
  2x in Türkis,
  2x in Grün,
  1x in Gelb

Band mit M ♥ K

- Perlgarn Nr. 5 in
  4x Dunkelgrün 189,
  4x Multicolor Blau-Grün 1345
- „M", „K", Herz zum Aufschieben, 14 mm

Vorlagenheft
Seiten 16 – 18

Schmuckbändchen

Die 1,10 m langen Fäden für das *bunte Band* 15 cm von einem Ende entfernt in der angegebenen Reihenfolge ordnen und am Tischrand fixieren. Das Band mit geradem Anfang und Ende knüpfen. Je eine Kordel als Abschluss arbeiten.

Die 1,20 m langen Fäden für das *Band mit Motivteilen* nach ca. 15 cm fixieren. Die Knoten nach Vorlage knüpfen: Nach ca. zehn Reihen das erste Schmuckelement aufschieben; dazu die Fäden durch die Form ziehen und diese auf das geknüpfte Stück aufschieben. Da die Schmuckelemente relativ fest sitzen, nach geknüpften Teilstücken sofort ein Element aufschieben. Das Band mit je einer Kordel abschließen.

Die 1,10 m langen Fäden für das *Band mit Glassteinen* ca. 15 cm vom Ende entfernt nach der Vorlage ordnen und mit Klebeband fixieren. Das Band in ausreichender Länge knüpfen und dabei jeweils nach ca. zehn geknüpften Reihen ein quadratisches Schmuckelement aufziehen. Das Band mit je einer Kordel abschließen.

Das *Band mit M ♥ K* nach der Vorlage mit 1,10 m langen Fäden knüpfen und mit je einer Kordel abschließen. Die Buchstaben und das Herz auf die Fäden fädeln und auf das jeweilige geknüpfte Teilstück der Mitte aufschieben (siehe Band mit Motivteilen).

Die schmalen Bänder sind leicht zu knüpfen und sehen auch ohne Schmuckelemente schön aus.

Zacken & Rauten

Material

Zackenband

- Perlgarn Nr. 5 in
  10x Schwarz 403,
  1x Rot 335,
  1x Orange 316,
  1x Lila 98,
  1x Gelb 291,
  1x Blau 169,
  1x Grün 189

Rautenband

- Perlgarn Nr. 5 in
  1x Grün 189,
  10x Schwarz 403,
  1x Rot 335,
  1x Blau 169,
  1x Orange 316,
  1x Lila 98,
  1x Gelb 291

Vorlagenheft
Seiten 19, 20

Zackenband

Die zehn schwarzen, 90 cm langen und die farbigen, 1,30 m langen Fäden nach ca. 15 cm ordnen und mit Klebeband fixieren. Das Band nach der Vorlage mit allen vier Knoten (rechts, links, rechts-links und links-rechts) knüpfen. Am Schluss das Freundschaftsbändchen mit je zwei Kordeln auf beiden Seiten beenden.

Rautenband

Zehn schwarze Fäden in 1 m Länge abschneiden, alle übrigen farbigen Fäden in einer Länge von 1,40 m. Ca. 15 cm von den Fadenenden entfernt die Fäden nach der Vorlage ordnen und mit Klebeband fixieren. Das Band am besten in schrägen Reihen jeweils von links oben nach rechts unten knüpfen. Ein auf den Knüpfplan aufgelegtes Lineal und die farbige Untermalung erleichtern die Orientierung. Zuletzt das Band mit zwei Kordeln auf jeder Seite abschließen.

Farbtausch

Material

SUN-SEA-Band

- Perlgarn Nr. 5 in
  2x Dunkelblau 127,
  2x Gelbgrün 278,
  2x Blau 148,
  3x Goldgelb 305,
  2x Hellblau 146,
  3x Gelb 290,
  2x Multicolor Blau-Grün 1345

Drachenband

- Perlgarn Nr. 5 in
  4x Rot 13,
  4x Multicolor Blau-Grün 1345,
  4x Multicolor Rot-Pink 1315,
  4x Grün 187
- 2 Rocailles in Schwarz, 3,1 mm Ø

Vorlagenheft

Seiten 21, 22

SUN-SEA-Band

Die Fäden in einer Länge von 1,20 m abschneiden und in der angegebenen Reihenfolge ca. 15 cm vom Ende entfernt ordnen und fixieren. Dadurch, dass dieses Band nur mit rechts-links und links-rechts geknüpften Knoten gearbeitet wird, verändert sich die Ausgangsstellung der Fäden das ganze Band hindurch nicht. Am besten schräge Reihen knüpfen; die farbige Untermalung bei den Symbolen erleichtert die Orientierung. Das Band auf beiden Seiten mit je zwei Kordeln abschließen.

Drachenband

Die sechzehn 1,20 m langen Fäden nach der Vorlage ordnen und mit Klebeband ca. 15 cm vom Ende entfernt an der Tischkante festkleben. Das Drachenband am besten mit schrägen Reihen nach der Vorlage knüpfen; dabei darf sich die Ausgangsstellung das ganze Band hindurch nicht ändern, da die Fäden nach jedem rechts-links und links-rechts geknüpften Knoten ihre ursprüngliche Position wieder einnehmen. An der mit einem „P“ gekennzeichneten Stelle jeweils einen Knoten auslassen und dafür die beiden Fäden durch eine Perle (Auge) ziehen. Das Band mit je zwei Kordeln beenden.

Blüten & Bettelarmband

Material

Weiße Blüten

- Perlgarn Nr. 5 in
  8x Weiß 1,
  3x Dunkelblau 134,
  2x Blau 147,
  3x Multicolor Blau-Grün 1345
- 5 Katzenaugenperlen in Blau, 6 mm Ø

Blaue Blüten

- Perlgarn Nr. 5 in
  8x Dunkelblau 134,
  2x Hellgrün 226,
  6x Multicolor Blau-Grün 1345
- 2 Katzenaugenperlen in Blau, 6 mm Ø
- 3 Katzenaugenperlen in Weiß, 6 mm Ø

Bettelarmband

- Perlgarn Nr. 5 in
  2x Grün 229,
  2x Hellgrün 187,
  2x Hellblau 158,
  2x Blau 148
- Buchstaben-Anhänger in Grün, 10 – 13 mm
  2x „A", 2x „N"
- Schmuckanhänger, 2,5 cm „Frosch", „Dackel"
- Ringel, 5 mm Ø, 0,8 mm stark

Vorlagenheft
Seiten 23 – 25

Weiße Blüten

1 Acht weiße Fäden (1 m) und acht Fäden in Blautönen (1,20 m) 15 cm vom Ende entfernt fixieren. Die Ausgangsstellung der Fäden bleibt das ganze Band hindurch gleich.

2 Bei der ersten vollständigen schrägen Reihe zunächst sieben Knoten legen, dann auf die beiden mittleren Fäden eine Perle aufziehen und mit den übrigen sieben Fäden sechs Knoten arbeiten. Die nächste schräge Reihe beginnt mit sechs Knoten; für die sieben Knoten rechts von der Perle den weißen Faden der Perle mitbenutzen. Die nächste Reihe wieder mit allen Fäden knüpfen. Das Band nach der Vorlage beenden und mit je zwei Kordeln abschließen.

Blaue Blüten

Sechzehn 1,20 m lange Fäden nach 15 cm nach der Vorlage ordnen und fixieren. Schräge Reihen knüpfen. Bei den ersten beiden vollständigen Reihen eine Perle einbauen, wie oben (Punkt 2) beschrieben. Bei blauen Blüten eine weiße, bei hellgrünen Blüten eine blaue Perle verwenden. Die Teilstücke A und B abwechseln, bis das Band lang genug ist. Zuletzt auf beiden Seiten zwei Kordeln drehen.

Bettelarmband

Die acht 1,10 m langen Fäden ca. 15 cm vom Ende entfernt ordnen und nach der Vorlage knüpfen. Mit je einer Kordel das Band abschließen. Die Anhänger mit Ringeln am Band anhängen; dazu die Ringel mit einer kleinen Zange aufbiegen und nach dem Einhängen wieder schließen.

ANNA

Material

Symmetrisches Band

- Perlgarn Nr. 5 in
  6x Gelbgrün 279,
  1x Dunkelblau 134,
  1x Blau 170,
  2x Pastellblau 158,
  1x Grün 187,
  1x Dunkelgrün 189

Band mit roten Vierecken

- Perlgarn Nr. 5 in
  2x Hellgelbgrün 278,
  1x Dunkelblau 134,
  1x Blau 170,
  1x Grün 187,
  1x Dunkelgrün 189,
  6x Multicolor Rot-Gelb
  1315

Kleiner Punk

- Perlgarn Nr. 5 in
  6x Gelbgrün 279,
  3x Dunkelblau 134,
  1x Blau 170,
  2x Pastellblau 158,
  1x Grün 187,
  1x Dunkelgrün 189
- Holzperle in Gelb,
  12 mm Ø
- 3 Glasquadrate in
  Royalblau, 12 mm
- Tuschestift in Schwarz,
  wasserfest
- Farbstift in Rot
- Acrylfarbe in Weiß

Vorlagenheft
Seiten 26 – 29

Bunte Quadrate

Für das *symmetrische Band* die zwölf 1,20 m langen Fäden nach der Vorlage ordnen und ca. 15 cm vom Rand entfernt mit Klebeband an der Tischkante fixieren. Das Band mit geradem Anfang und Ende nach der Vorlage knüpfen. Das Band auf beiden Seiten mit je einer Kordel abschließen.

Vom rot-gelben Multicolor-Perlgarn sechs 80 cm lange Fäden für das *Band mit roten Vierecken* abschneiden. Alle übrigen Fäden sind 1,30 m lang. Die Fäden nach der angegebenen Reihenfolge in der Vorlage ordnen und nach ca. 15 cm an der Tischkante festkleben. Das Band nach der Vorlage knüpfen und mit je einer Kordel auf beiden Seiten beenden.

Die Anleitung für den *kleinen Punk* befindet sich im Vorlagenheft auf Seite 28.

Raffiniert kombiniert

Abbildung & Materialangaben Seite 30/31

Band mit Uhr: Für jede Bandhälfte vier 1 m lange Fäden, jeweils einmal in Blau, Grün, Hellgrün und Multicolor, mittig an der Uhr einhängen, danach die Uhr mit Klebeband am Tisch fixieren, die acht Fadenenden nach der Vorlage ordnen und die Bandhälfte knüpfen. Zum Schluss eine Kordel drehen. Die zweite Bandhälfte ebenso arbeiten.

Raffiniert kombiniert

Material

Band mit grünen Perlen

- Perlgarn Nr. 5 in
  2x Weiß 1,
  2x Multicolor Blau-Grün 1345,
  2x Grün 226,
  2x Dunkelgrün 189,
  4x Dunkelblau 127
- 3 Miracle Beads in Grün, 4 mm Ø

Band mit Würfeln

- Perlgarn Nr. 5 in
  2x Weiß 1,
  2x Multicolor Blau-Grün 1345,
  2x Dunkelgrün 189,
  6x Gelb 288
- 3 Glaswürfel in Gelb, 6 mm

Band mit Uhr

- Perlgarn Nr. 5 in
  2x Blau 148,
  2x Grün 226,
  2x Hellgrün 187,
  2x Multicolor Blau-Grün 1345
- Uhr in Blau

Vorlagenheft
Seiten 30 – 32

Anleitung Band mit Uhr siehe Seite 28

Band mit grünen Perlen

1 Die 1,10 m langen Fäden nach ca. 15 cm ordnen und fixieren. Das erste Teilstück zusammenhängend knüpfen; dabei die erste schräge Reihe mit den letzten sieben Fäden von links oben nach rechts unten knüpfen, die zweite schräge Reihe mit den letzten acht Fäden usw. Die Fäden in der Mitte teilen (siehe Trennstrich in der Vorlage) und zwei schmale Bändchen mit je sechs Fäden knüpfen.

2 An drei Stellen (siehe „P“ in der Vorlage) eine Perle einbauen: Nach dem Knüpfen der jeweils links und rechts von der Perle liegenden Knoten die jeweils äußeren Fäden der beiden Bänder entgegengesetzt durch eine Perle ziehen. Getrennt weiterknüpfen bis zur nächsten Perlenverbindung. Zuletzt die beiden Bändchen wieder durch ein zusammenhängend geknüpftes Teilstück zusammenführen und mit je zwei Kordeln pro Seite abschließen.

Band mit Würfeln

Die 1 m langen Fäden nach 15 cm ordnen und fixieren. Abschnitt A zusammenhängend knüpfen, dann die Fäden mittig teilen und zwei dünne Bändchen getrennt arbeiten (= gelber Abschnitt B). Beim nächsten grünen Bandabschnitt C die beiden Bändchen mit einem Glaswürfel zusammenführen: Sobald die links und rechts von der Perle (P) liegenden Knoten geknüpft sind, jeweils den ganz innen liegenden Faden der Bändchen entgegengesetzt durch den Würfel ziehen, dann den Abschnitt C zu Ende arbeiten. Die Buchstabenfolge zeigt, in welcher Reihenfolge die Abschnitte das ganze Band hindurch abwechseln. Mit je zwei Kordeln pro Seite enden.

QUARTZ

Impressum

ISBN-13: 978-3-419-56796-8
ISBN-10: 3-419-56796-0

Lektorat:
Irmgard Böhler, Wiesbaden

Styling und Fotos:
Roland Krieg, Waldkirch

Covergestaltung und Layoutentwurf:
Network!, München

Gesamtproduktion:
smp, Freiburg

Satz:
Gisa Bonfig, Freiburg

Druck:
Freiburger Graphische Betriebe

Verlag Herder GmbH
Christophorus-Verlag
Hermann-Herder-Str. 4
79104 Freiburg

Tel.: 0761/2717-0
Fax: 0761/2717-352

E-Mail:
info@christophorus-verlag.de
www.christophorus-verlag.de

Perlen integrieren

Anstatt mit zwei Fäden einen Knoten zu knüpfen, kann auch auf beide Fäden eine Perle aufgezogen werden. Um die Fäden durch die Perlen ziehen zu können, die Enden mit etwas Kraftkleber bestreichen und zwischen den Fingern rollen. Dadurch werden die Fadenenden dünn gebündelt und steif. Anschließend die Fäden wieder trennen.